초등영어 쓰기독립

영문법 스타터1

Grammar Starter

1 단계

재능많은
영어연구소
지음

휴먼
어린이

초등영어 쓰기독립 1단계
"42일만 따라 하면 문법이 보여요!"

영문법 스타터 구성

 대표 문장과 이미지를 함께 보며 익히는 영문법

아이들이 영문법을 학습할 때 규칙 자체만 외워서는 응용이 쉽지 않습니다. 이 책에서는 가장 기본이 되는 예시 문장으로 규칙을 접하게 하고, 따라 쓰며 익힐 수 있게 구성했습니다. 또한 연관된 두 가지 대표 문장을 나란히 배치해 서로 비교하며 배울 수 있습니다. 문장과 함께 제시되는 이미지는 자연스러운 연상 작용을 도우며, 응용문제를 접할 때 스스로 사고할 수 있도록 도와줍니다.

 확장되는 문법, 가장 효과적인 순서로 배우기

명사 → 대명사 → be동사 → 일반동사 등 문법이 어떻게 확장되고, 문장에 적용되는지 알기 쉬운 순서로 학습이 이루어집니다. 예를 들어, 명사의 형태가 어떻게 변하는지 가장 먼저 배운 뒤, be동사 또는 일반동사 문장에서 다시 명사가 어떻게 쓰이는지 확인하면서 자연스럽게 복습할 수 있습니다.

3 **누적 반복 학습으로 문장 완성 연습**

규칙을 배우자마자 확인하는 Check up부터 스스로 전체 문장을 써 보기까지 4단계 구성을 통해 누적 반복 학습합니다.

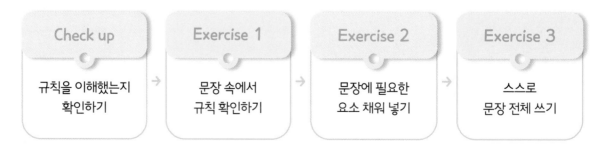

Check up	Exercise 1	Exercise 2	Exercise 3
규칙을 이해했는지 확인하기	문장 속에서 규칙 확인하기	문장에 필요한 요소 채워 넣기	스스로 문장 전체 쓰기

이렇게 만들었어요!

 매일매일 쓰기독립! 자연스럽게 이루어지는 학습 계획

부담 없는 하루 학습량과 명확하고 목표에 맞는 학습 계획으로 집중력 향상과 쓰기 실력 성장을 바로바로 확인할 수 있습니다.

초등영어 쓰기독립 1단계 - 영문법 스타터 1, 2					
학습일	1권		학습일	2권	
1일	**Part 1** 명사	Unit 1	1일	Part 1 명사	Unit 1
2일		Unit 2	2일		Unit 2
3일		Unit 3	3일		Unit 3
		Review			Review
4일	**Part 2** 대명사	Unit 1	4일	Part 2 be동사	Unit 1
5일		Unit 2	5일		Unit 2
6일		Unit 3	6일		Unit 3
		Review			Review
7일	**Part 3** be동사	Unit 1	7일	Part 3 형용사/부사	Unit 1
8일		Unit 2	8일		Unit 2
9일		Unit 3	9일		Unit 3
		Review			Review
10일	**Part 4** be동사 부정문	Unit 1	10일	Part 4 일반동사와 부정문	Unit 1
11일		Unit 2	11일		Unit 2
12일		Unit 3	12일		Unit 3
		Review			Review
13일	**Part 5** be동사 의문문	Unit 1	13일	Part 5 일반동사와 의문문	Unit 1
14일		Unit 2	14일		Unit 2
15일		Unit 3	15일		Unit 3
		Review			Review
16일	**Part 6** 일반동사	Unit 1	16일	Part 6 여러 문장	Unit 1
17일		Unit 2	17일		Unit 2
18일		Unit 3	18일		Unit 3
		Review			Review
19일	**Part 7** 일반동사 부정문 / 의문문	Unit 1	19일	Part 7 의문사	Unit 1
20일		Unit 2	20일		Unit 2
21일		Unit 3	21일		Unit 3
		Review			Review

영문법 스타터 특징

1 문법 규칙 비교하며 이해하기

서로 연관된 문법 규칙을 나란히 비교하며 배울 수 있습니다. 대표 문장으로 먼저 만나고, 이미지로 빠르게 비교해 보며 쉽게 익힙니다.

2 연습 문제로 규칙 확인하기

간단한 연습 문제를 통해 문법 규칙을 이해했는지 바로바로 확인할 수 있습니다.

3 문장 연습으로 응용하기

한 단계 높은 수준의 문제를 통해 진짜 쓰기를 위한 문법 훈련을 할 수 있습니다. 문장의 의미와 형태를 파악하고, 단계적으로 문장을 완성해 보며 마지막에는 스스로 전체 문장을 쓸 수 있습니다.

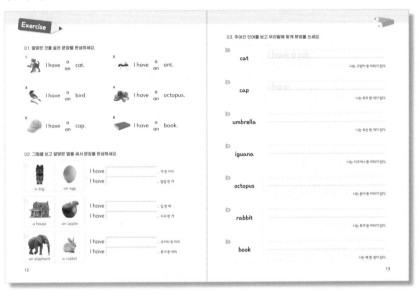

4 파트 총정리 - 누적 반복 훈련

알맞은 단어를 골라내거나, 주어진 단어로 문장을 써 보면서 파트 내용을 기억합니다.
틀린 문장을 찾아낼 수 있는 눈도 기를 수 있습니다. 워크북을 활용해 단어와 문장을 복습하고,
음원을 들으며 딕테이션(받아쓰기)도 할 수 있습니다.

QR코드를 찍으면 오늘 배운 내용을
원어민의 정확한 발음으로 들을 수 있어요!

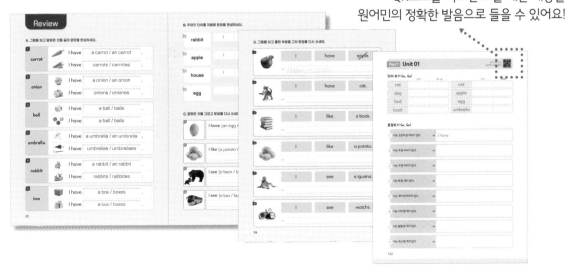

초등영어
3단계만 따라 하면
쓰기독립이 된다!

하루 15분

1단계
기초 문법

영문법 스타터 1, 2

2단계
문장 쓰기

문장쓰기 1, 2

3단계
긴 글 쓰기

글쓰기 스타터

1단계 | **영문법 스타터 1, 2** | 42일만 따라 하면 문법이 보인다

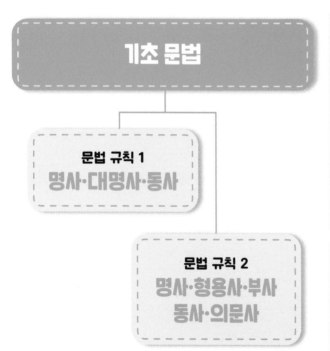

기초 문법

문법 규칙 1
명사·대명사·동사

문법 규칙 2
명사·형용사·부사
동사·의문사

기초 문법으로 문장 쓰기!
초등 영문법 학습

문법 규칙: 품사1

규칙 변화

규칙으로 문장 조립

문장 쓰기

1단계 문법 이해하고 문장 쓰기

문법 규칙: 품사2

규칙 변화와 확장

규칙으로 문장 조립

문장 쓰기

1단계 문법 이해하고 문장 쓰기

2단계 · 문장 쓰기 1, 2

33일만 따라 하면 문장 쓰기가 된다

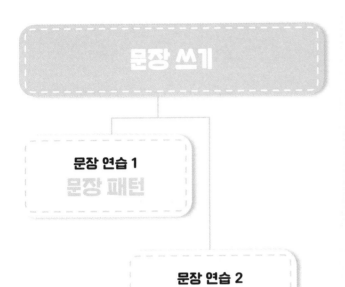

문장 쓰기

문장 연습 1
문장 패턴

문장 연습 2
문장 구조

문장 패턴

주제 단어

문장 쓰기

짧은 글 바꿔 쓰기

2단계 초등 문장 패턴 익히기

문장 구조

동사·자주 쓰는 단어

문장 쓰기

짧은 글 바꿔 쓰기

2단계 문장 구조 이해하고 쓰기

한 문장에서 짧은 글쓰기까지!
필수 문장 패턴과 문장 구조로 쓰기

3단계 · 글쓰기 스타터

20일만 따라 하면 긴 글 쓰기가 된다

긴 글 쓰기

쓰기 첫 독립
주제별 글쓰기

주제별 글 읽기

핵심 문장 파악

문장 바꿔 쓰기

자기 글쓰기

3단계 스스로 글쓰기 도전!

이제 긴 글도 혼자서 척척!
초등 3,4학년 주제 글쓰기

초등영어 쓰기독립 1단계
영문법 스타터 1

동물

dog 개
cat 고양이
rabbit 토끼
ant 개미

사람

boy 소년
girl 소녀
teacher 선생님
student 학생

사물

book 책
pencil 연필
desk 책상
chair 의자

장소

house 집
school 학교
park 공원
library 도서관

PART 1
명사

명사는 사람, 동물, 사물, 장소의 이름을 말해요.

Unit 01

월　　일　나의 평가는? ☆☆☆☆☆

명사의 짝꿍 a, an은 명사를 말할 때 **a cat, an egg**처럼 쓰는 규칙을 배울 거예요.

Unit 02

월　　일　☆☆☆☆☆

명사의 개수 -s는 명사가 둘 이상일 때 **cats, eggs**처럼 쓰는 규칙을 배울 거예요.

Unit 03

월　　일　☆☆☆☆☆

명사의 개수 -s, -es는 명사의 끝 철자에 따라 **books, foxes**처럼 쓰는 규칙을 배울 거예요.

하나는 **a**를 써요

| cat | a cat |

I have a cat.

 **a + 명사**

동물, 사람, 사물, 장소 등의 이름을 **명사**라고 해요.
그리고 하나는 **<a + 명사>** 규칙으로 써요.

| **a dog** | **a student** | **a book** |
| 개 한 마리 | 학생 한 명 | 책 한 권 |

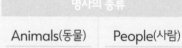

명사의 종류	
Animals(동물)	People(사람)
a dog 개	a boy 소년
a bee 벌	a teacher 선생님
Things(사물)	Places(장소)
a pencil 연필	a city 도시
a desk 책상	a zoo 동물원

✓ Check up 그림을 보고 **a**와 함께 쓰세요.

bird

a bird

house

cap

teacher

rabbit

park

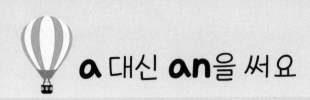

egg | **an egg**

I have an egg.

 **an + 명사** 단어가 [a, e, i, o, u] 발음으로 시작하면 앞에 an을 사용해
<an + 명사> 규칙으로 써요.

an ant
개미 한 마리

an elephant
코끼리 한 마리

an iguana
이구아나 한 마리

하나, 한 명	
<a + 자음>으로 시작하는 명사	<an + 모음>으로 시작하는 명사
a man 남자	an office 사무실
a fox 여우	an uncle 삼촌
a bag 가방	an hour 한 시간

Tip! a egg보다 an egg가 발음하기가
쉽다는 점이 a 대신 an을 쓰는
이유이기도 해요!

Check up 그림을 보고 an과 함께 쓰세요.

apple

an apple

umbrella

octopus

airport

ice cream

11

Exercise

01. 알맞은 것을 골라 문장을 완성하세요.

1 I have [a / an] cat.

2 I have [a / an] ant.

3 I have [a / an] bird.

4 I have [a / an] octopus.

5 I have [a / an] cap.

6 I have [a / an] book.

02. 그림을 보고 알맞은 말을 써서 문장을 완성하세요.

1 a dog  an egg

I have _____ . 개 한 마리
I have _____ . 달걀 한 개

2  a house an apple

I have _____ . 집 한 채
I have _____ . 사과 한 개

3  an elephant a rabbit

I have _____ . 코끼리 한 마리
I have _____ . 토끼 한 마리

03. 주어진 단어를 보고 우리말에 맞게 문장을 쓰세요.

1 cat

I have a cat.

나는 고양이 한 마리가 있다.

2 cap

I have   .

나는 모자 한 개가 있다.

3 umbrella

나는 우산 한 개가 있다.

4 iguana

나는 이구아나 한 마리가 있다.

5 octopus

나는 문어 한 마리가 있다.

6 rabbit

나는 토끼 한 마리가 있다.

7 book

나는 책 한 권이 있다.

13

둘 이상이면 -s를 써요

a cat	cats

I like cats.

 명사s 하나일 때는 **<a + 명사>**로, 여럿일 때는 **<명사s>**로 써요.

하나	둘 이상

a dog	**dogs**
개 한 마리	개 여러 마리

a rabbit	**rabbits**
토끼 한 마리	토끼 여러 마리

✓ Check up 그림을 보고 -s와 함께 쓰세요.

ball

balls

doll

bag

bird

girl

boy

단어 뒤에 **-s**를 꼭 써요

an ant	ants

I like ants.

 단어가 [a, e, i, o, u] 발음으로 시작하면 **<an + 명사>**로, 여럿일 때는 **<명사s>**로 써요.

	하나	둘 이상	
	an egg 달걀 한 개	**eggs** 달걀 여러 개	
	an elephant 코끼리 한 마리	**elephants** 코끼리 여러 마리	

✓ Check up 그림을 보고 -s와 함께 쓰세요.

apple

apples

onion

orange

uncle

iguana

umbrella

15

01. 알맞은 것을 골라 문장을 완성하세요.

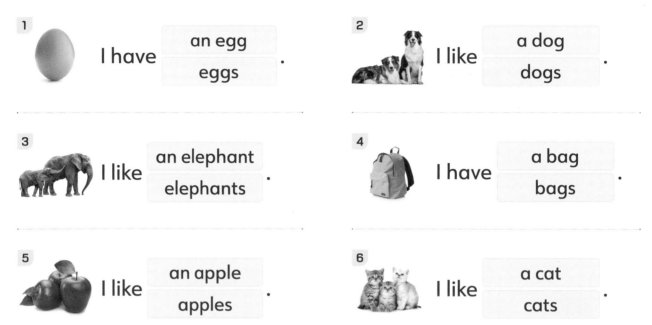

1 I have [an egg / eggs] .

2 I like [a dog / dogs] .

3 I like [an elephant / elephants] .

4 I have [a bag / bags] .

5 I like [an apple / apples] .

6 I like [a cat / cats] .

02. 그림을 보고 알맞은 말을 써서 문장을 완성하세요.

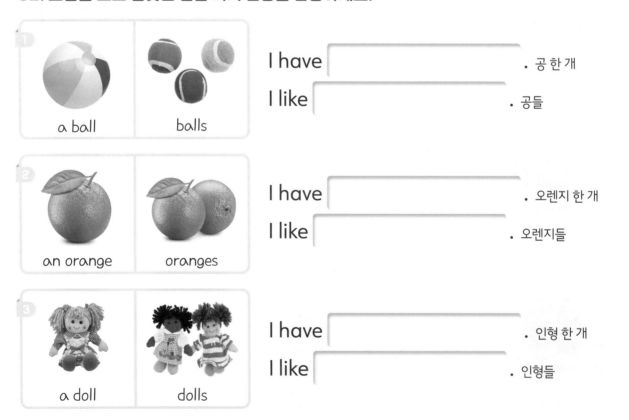

1 a ball   balls

I have _____ . 공 한 개

I like _____ . 공들

2 an orange   oranges

I have _____ . 오렌지 한 개

I like _____ . 오렌지들

3 a doll   dolls

I have _____ . 인형 한 개

I like _____ . 인형들

03. 주어진 단어를 보고 우리말에 맞게 문장을 쓰세요.

1 ant

I have an ant.

나는 개미 한 마리가 있다.

2 bag

I like   .

나는 가방들을 좋아한다.

3 onion

나는 양파 한 개가 있다.

4 cat

나는 고양이들을 좋아한다.

5 bird

나는 새 한 마리가 있다.

6 egg

나는 달걀들을 좋아한다.

7 apple

나는 사과 한 개가 있다.

여럿일 때 대부분 -s를 써요

book | **books**

I see books.

 여럿일 때는 대부분 <명사s>로 써요.

| a **bear** | + | a **bear** | = | **bears** |

| a **chair** | + | a **chair** | = | **chairs** |

| an **egg** | + | an **egg** | = | **eggs** |

| an **ant** | + | an **ant** | = | **ants** |

✓ Check up 그림을 보고 -s와 함께 쓰세요.

cup

cups

hat

pencil

carrot

tree

flower

18

| foxs | **foxes** |

I see foxes.

명사 **es** 단어가 **o, x, s, sh, ch**로 끝나면 **<명사es>**로 써요.

-o + es	-x + es	-s + es	-sh + es	-ch + es
potatoes	foxes	buses	dishes	watches
tomatoes	boxes	octopuses	brushes	peaches

| **a bus** | + | **a bus** | = | **buses** | | **a dish** | + | **a dish** | = | **dishes** |

✅Check up **그림을 보고 -es와 함께 쓰세요.**

potato

potatoes

peach

box

tomato

brush

watch

19

01. 알맞은 것을 골라 문장을 완성하세요.

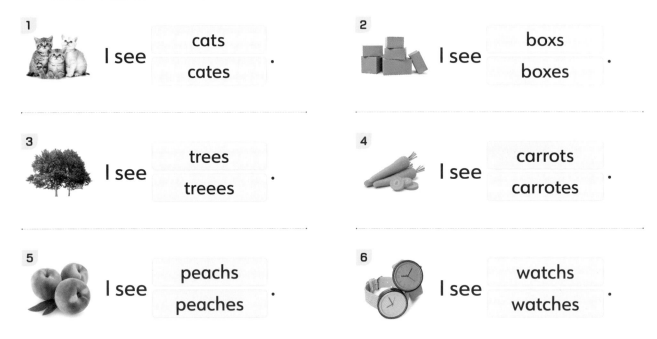

1 I see [cats / cates] .

2 I see [boxs / boxes] .

3 I see [trees / treees] .

4 I see [carrots / carrotes] .

5 I see [peachs / peaches] .

6 I see [watchs / watches] .

02. 그림을 보고 알맞은 말을 써서 문장을 완성하세요.

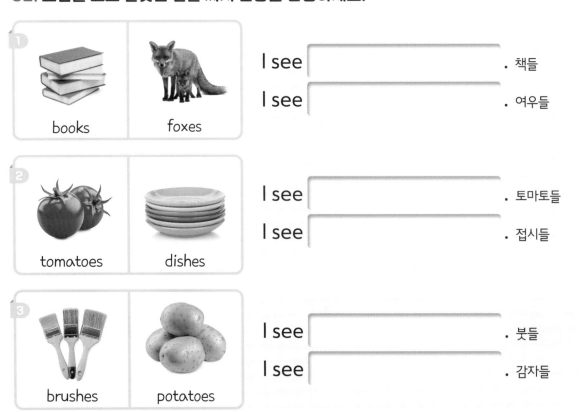

1
books / foxes

I see _____ . 책들
I see _____ . 여우들

2
tomatoes / dishes

I see _____ . 토마토들
I see _____ . 접시들

3
brushes / potatoes

I see _____ . 붓들
I see _____ . 감자들

03. 주어진 단어를 보고 우리말에 맞게 문장을 쓰세요.

1 peach

I see peaches.

나는 복숭아들을 본다.

2 cup

I see _____ .

나는 컵들을 본다.

3 bus

나는 버스들을 본다.

4 potato

나는 감자들을 본다.

5 pencil

나는 연필들을 본다.

6 bag

나는 가방들을 본다.

7 fox

나는 여우들을 본다.

Review

A. 그림을 보고 알맞은 것을 골라 문장을 완성하세요.

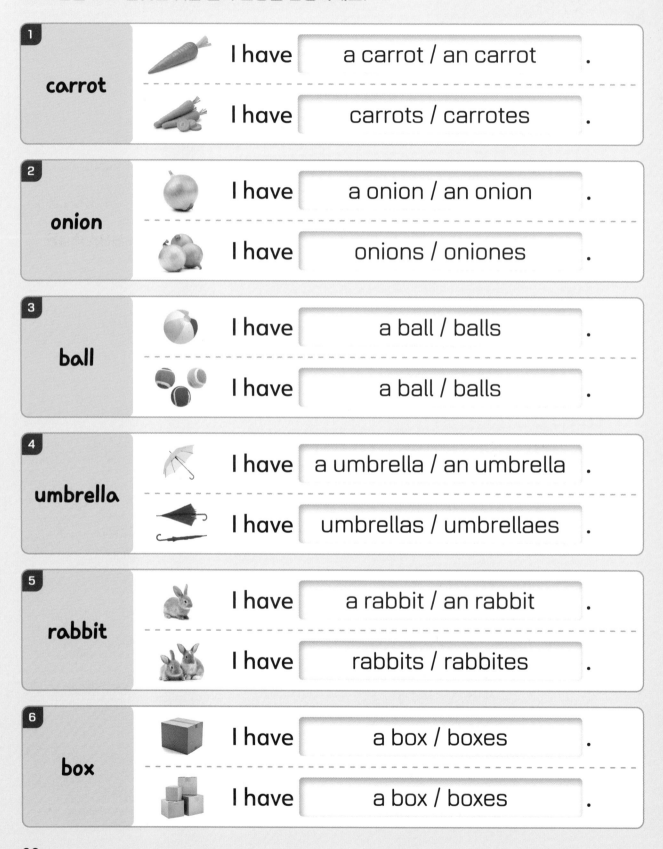

1 carrot

I have [a carrot / an carrot] .

I have [carrots / carrotes] .

2 onion

I have [a onion / an onion] .

I have [onions / oniones] .

3 ball

I have [a ball / balls] .

I have [a ball / balls] .

4 umbrella

I have [a umbrella / an umbrella] .

I have [umbrellas / umbrellaes] .

5 rabbit

I have [a rabbit / an rabbit] .

I have [rabbits / rabbites] .

6 box

I have [a box / boxes] .

I have [a box / boxes] .

B. 주어진 단어를 이용해 문장을 완성하세요.

| 1 | rabbit | I | have | | | . |

나는 토끼 한 마리가 있다.

| 2 | apple | I | have | | | . |

나는 사과 한 개가 있다.

| 3 | house | I | | | | . |

나는 집 한 채가 있다.

| 4 | egg | | | | | . |

나는 달걀 한 개가 있다.

C. 알맞은 것을 고르고 문장을 다시 쓰세요.

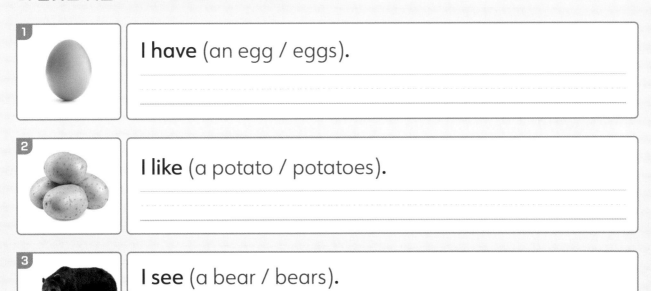

1 I have (an egg / eggs).

2 I like (a potato / potatoes).

3 I see (a bear / bears).

4 I see (a bus / buses).

23

D. 그림을 보고 틀린 부분을 고쳐 문장을 다시 쓰세요.

1

| I | have | ap~~p~~le. |

➡ I have an apple.

2

| I | have | cat. |

➡

3

| I | like | a book. |

➡

4

| I | like | a potato. |

➡

5

| I | see | a iguana. |

➡

6

| I | see | watchs. |

➡

I, We, You

cook 요리사
farmer 농부
friend 친구
family 가족

You

dancer 댄서
student 학생
singer 가수
sister 여동생

He, She

man 남자
woman 여자
dad 아빠
mom 엄마

It, They

hat 모자
orange 오렌지
rabbit 토끼
fox 여우

PART 2
대명사

대명사는 명사를 대신하여
'나, 너, 우리, 그, 그녀' 등으로
나타내는 말이에요.

Unit 01

월 ☐ 일 나의 평가는? ☆☆☆☆☆

대명사 I, We, You는 이름 대신 '**나, 우리, 너**'라고 문장 앞에 쓰는 규칙을 배울 거예요.

Unit 02

월 ☐ 일 ☆☆☆☆☆

대명사 He, She, They는 이름 대신 '**그, 그녀, 그들**'이라고 문장 앞에 쓰는 규칙을 배울 거예요.

Unit 03

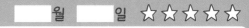

월 ☐ 일 ☆☆☆☆☆

대명사 It, They는 이름 대신 '**그것, 그것들**'이라고 문장 앞에 쓰는 규칙을 배울 거예요.

나(I)를 포함하면 우리(We)가 돼요

I | We

We are cooks.

I, We

I(나), We(우리)는 우리의 이름을 대신하는 **대명사**라고 해요.
우리는 나를 포함해 여러 명을 말할 때 써요.

나

I

'나'를 말할 때는 I로 써요.

I + 우리

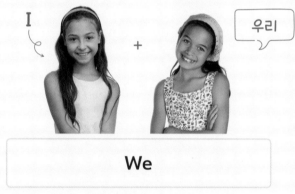

We

We(우리)는 I(나)를 포함한 여러 명을 말할 때 써요.

☑Check up **그림을 보고 I 혹은 We를 골라 쓰세요.**

____I am Ben.

____ am a farmer.

____ are friends.

____ are farmers.

너, 너희들은 모두 You를 써요

| We | You |

You are a dancer.

 한 명이나 여러 명을 말할 때도 **대명사 You**를 써요.

너

| You |

'너'를 말할 때는 You로 써요.

너희들

| You |

You(너희들)는 '너'를 포함한 여러 명을 말할 때 써요.

 Check up 그림을 보고 You와 함께 쓰세요.

You are Jack.

_____ are a singer.

_____ are students.

_____ are singers.

27

01. 알맞은 단어를 골라 V 하세요.

1
☐ I
☐ We

2
☐ I
☐ You

3
☐ We
☐ You

4
☐ We
☐ You

02. 밑줄 친 부분을 바꿔 문장을 완성하세요.

1
<u>You and I</u> are students. ➡ [　　　] are students.

2
<u>You and Jeff</u> are cooks. ➡ [　　　] are cooks.

3
<u>Jack and I</u> are friends. ➡ [　　　] are friends.

4
<u>You and Tom</u> are dancers. ➡ [　　　] are dancers.

5
<u>Ben and I</u> are singers. ➡ [　　　] are singers.

03. 주어진 단어들을 배열해 우리말에 맞게 문장을 쓰세요.

1 a farmer. /am /I

I am a farmer.

나는 농부이다.

2 You /Jack. /are

너는 잭이다.

3 friends. /are /We

우리들은 친구들이다.

4 his student. /are /You

너는 그의 학생이다.

5 am /a cook. /I

나는 요리사이다.

6 are /We /soccer players.

우리는 축구 선수들이다.

7 singers. /You /are

너희들은 가수들이다.

He는 남자, She는 여자일 때 써요

| He | She |

<u>She</u> is a singer.

He, She 남자를 대신할 때는 **He**(그)로, 여자를 대신할 때는 **She**(그녀)로 써요.

그

| He |

Sam → He | A boy → He
Dad → He | A man → He

그녀

| She |

Ann → She | A girl → She
Mom → She | A woman → She

Check up 그림을 보고 He 혹은 She를 골라 쓰세요.

Tom

<u>He</u>

Sue

Amy

Jack

Janet

Dave

He	They

They are family.

 나, 너를 제외한 다른 여러 사람을 대신할 때는 **They**(그들)로 써요.

그들

He / They

그들

She / They

Sam and Ann → They | Dancers → They | Ann and Janet → They
Dad and Mom → They | Brothers → They | A girl and a boy → They

Check up 그림을 보고 They와 함께 쓰세요.

boys

They are friends.

Dave and Sue

are singers.

girls

are dancers.

Janet, Mia, and Matt

are students.

01. 알맞은 단어를 골라 V 하세요.

1 He / She

2 He / They

3 He / She

4 She / They

02. 주어진 대명사가 대신하는 것을 고르세요.

1
He →
- Mia
- Matt

2
She →
- Ann
- Jack

3
They →
- Den and I
- Den and Jin

4
She →
- Susan
- You and I

5
He →
- a boy
- a girl

6
They →
- a student
- students

7
She →
- a brother
- a sister

8
They →
- Jule and you
- Jule and Ben

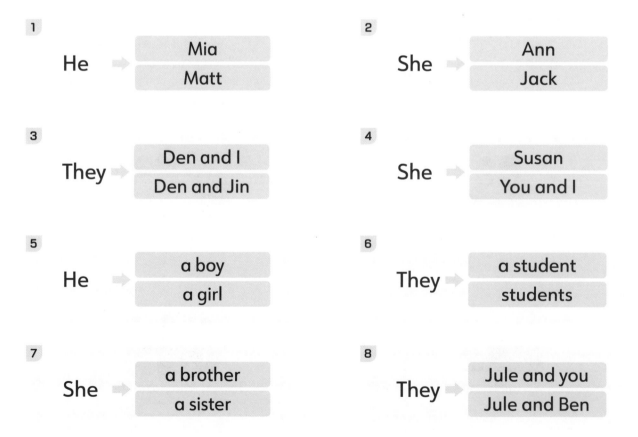

03. 주어진 단어를 활용해서 <대명사 + be동사>로 시작하는 문장을 쓰세요.

1 Sue

She is Sue.

그녀는 수이다.

2 a singer

He is _____.

그는 가수이다.

3 my sisters

그들은 내 여동생들이다.

4 a student

그녀는 학생이다.

5 brothers

그들은 형제이다.

6 family

그들은 가족이다.

사물, 동물이 하나일 때 It을 써요

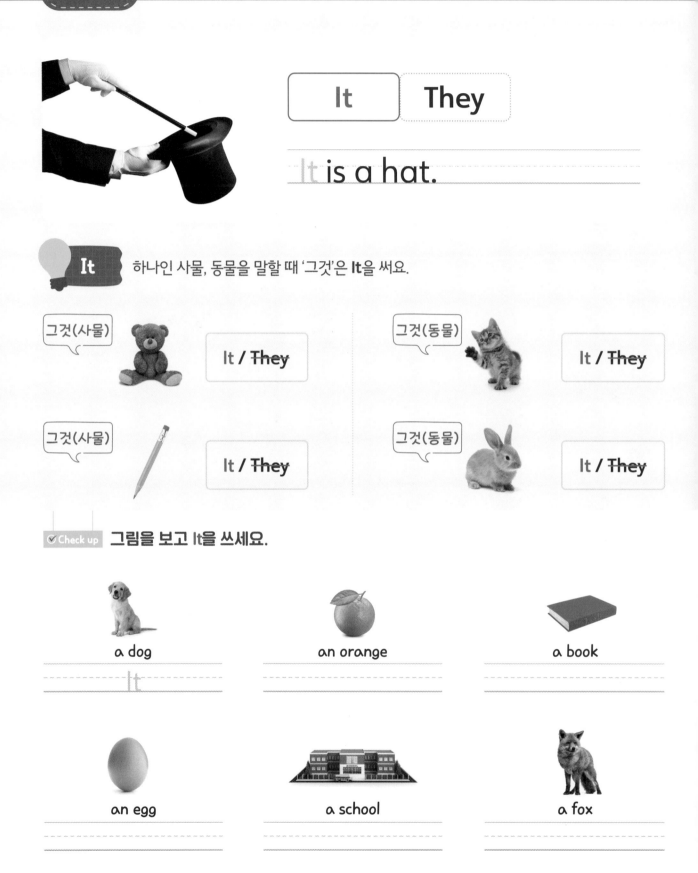

| It | They |

It is a hat.

It 하나인 사물, 동물을 말할 때 '그것'은 It을 써요.

그것(사물)
It / ~~They~~

그것(동물)
It / ~~They~~

그것(사물)
It / ~~They~~

그것(동물)
It / ~~They~~

☑ Check up 그림을 보고 It을 쓰세요.

a dog

It

an orange

a book

an egg

a school

a fox

여럿일 때 **They**를 써요

It	**They**

~~They~~ **are rabbits.**

 **They** 여러 사람이나 여러 사물, 동물을 말할 때 **They**를 써요.

그들 — It̶ / **They**

Girls → They | Singers → They
Men → They | Women → They

그것들 — It̶ / **They**

Apples → They | Foxes → They
Pencils → They | Brushes → They

 Check up 그림을 보고 It 혹은 They를 골라 쓰세요.

students

~~They~~

pencils

a tree

dancers

a pencil

trees

01. 알맞은 것을 골라 문장을 완성하세요.

1 The bird is white. = It / They is white.

2 Jack and Tom are friends. = It / They are friends.

3 Trees are green. = It / They are green.

4  The book is small. = It / They is small.

02. 그림을 보고 알맞은 말을 써서 문장을 완성하세요.

1
It   They

_____ is a fox. 그것은 여우다.

_____ are foxes. 그것들은 여우들이다.

2
It   They

_____ is a ball. 그것은 공이다.

_____ are balls. 그것들은 공들이다.

3
It   They

_____ is a cook. 그것은 요리사이다.

_____ are cooks. 그들은 요리사들이다.

03. 주어진 단어들을 배열해 우리말에 맞게 문장을 쓰세요.

1 a book. /is / It

It is a book.

그것은 책이다.

2 They /onions. /are

그것들은 양파들이다.

3 a rabbit. /is /It

그것은 토끼이다.

4 girls. /They /are

그들은 소녀들이다.

5 is /It /an egg.

그것은 달걀이다.

6 are /They /dancers.

그들은 댄서들이다.

7 trees. /They /are

그것들은 나무들이다.

37

Review

A. 그림을 보고 알맞은 말을 골라 문장을 완성하세요.

보기   I   We   You   He   She   They   It

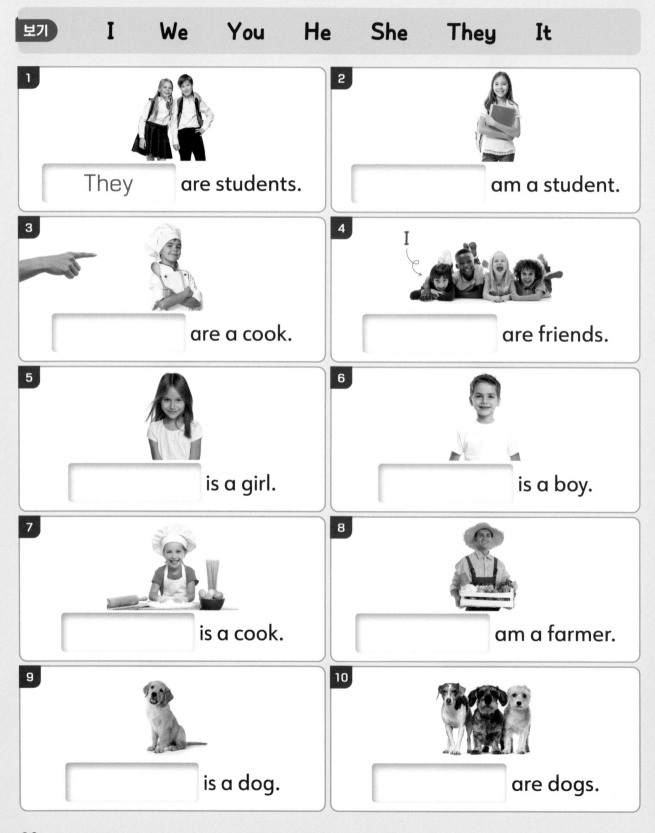

1 They are students.

2 ____ am a student.

3 ____ are a cook.

4 ____ are friends.

5 ____ is a girl.

6 ____ is a boy.

7 ____ is a cook.

8 ____ am a farmer.

9 ____ is a dog.

10 ____ are dogs.

B. 알맞은 단어를 고르고 문장을 다시 쓰세요.

1 (It / They) **is an egg.**

_____

2 (It / They) **are potatoes.**

_____

3 (He / She) **is my sister.**

_____

4 (He / She) **is my brother.**

_____

C. 그림을 보고 밑줄 친 부분을 알맞은 대명사로 바꿔 문장을 다시 쓰세요.

1 <u>Ann</u> is a student.

| | | | | .

2 <u>Girls</u> are dancers.

| | | | .

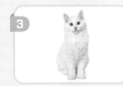
3 <u>The cat</u> is white.

| | | | .

4 <u>Ben and I</u> are family.

| | | | .

D. 그림을 보고 대명사를 알맞게 고쳐 문장을 다시 쓰세요.

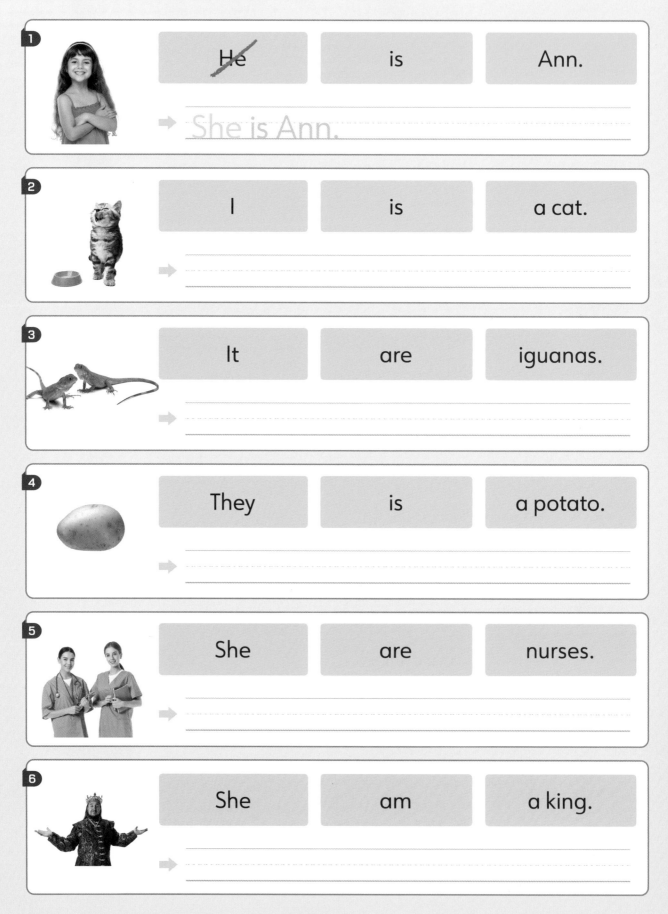

1. ~~He~~ | is | Ann.
   ➡ She is Ann.

2. I | is | a cat.
   ➡

3. It | are | iguanas.
   ➡

4. They | is | a potato.
   ➡

5. She | are | nurses.
   ➡

6. She | am | a king.
   ➡

I am

swimmer 수영선수
reporter 기자
doctor 의사
bus driver 버스운전사

You/We are

painter 화가
twin 쌍둥이
nurse 간호사
scientist 과학자

It is, They are

bird 새
ruler 자
eraser 지우개
duck 오리

He/She is

brother 남동생
teacher 선생님
firefighter 소방관
classmate 반친구

PART 3
be동사

자신이나 다른 사람을 말할 때 쓰는 be동사는 주어에 따라 다르게 써요.

나의 평가는? ☆☆☆☆☆

Unit 01

 월  일

be동사 am, are에 맞는 대명사 주어는 I와 You, We로 I am, You/We are로 쓰는 규칙을 배울 거예요.

Unit 02

 월 일 ☆☆☆☆☆

be동사 is, are에 맞는 대명사 주어는 He, She와 They로 He/She is, They are로 쓰는 규칙을 배울 거예요.

Unit 03

 월 일 ☆☆☆☆☆

be동사 is, are 다음에 오는 명사의 규칙을 배울 거예요.

나에 대한 것은 **I am**으로 써요

| I | I am |

I am a swimmer.

I am 나에 대해 말할 때 **I am~**을 써서 '나는 ~이다'라고 표현해요.

나는 샘이다.

I am Sam.

나는 기자이다.

I am a reporter.

I am과 자주 쓰는 것들

I am + 이름 | I am + 나이 | I am + 하는 일(직업) | I am + 관계

Check up 그림을 보고 I am과 함께 쓰세요.

Amy / a singer

I am Amy.

Jake / a student

I am Jake.

너, 우리는 **You/We are**로 써요

| You are | We are |

~~You are~~ a painter.

You are '너는(너희들은) ~이다'라고 표현할 때 **You are~**로 써요.

We are '우리는 ~이다'라고 표현할 때 **We are~**로 써요.

> 너는 벤이다.

You are Ben.

> 우리는 친구이다.

We are friends.

You are / We are 다음에 자주 쓰는 말들

관계 : You are / We are family. (가족이다) | 하는 일(직업) : You are / We are teachers. (선생님이다)

✅ **Check up** 그림을 보고 You are 혹은 We are를 골라 함께 쓰세요.

Julia / a dancer

~~You are Julia.~~

Janet and Sue / twins

~~We are Janet and Sue.~~

43

Exercise

01. 알맞은 단어를 골라 V 하세요.

1
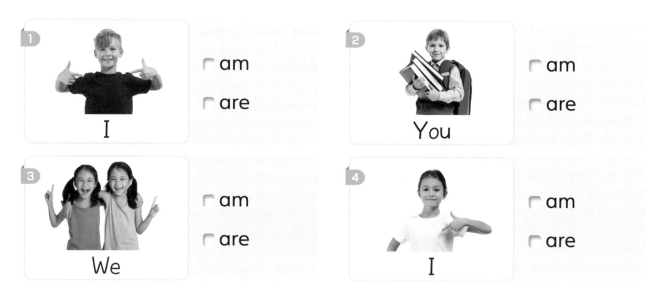

I
- ⬜ am
- ⬜ are

2

You
- ⬜ am
- ⬜ are

3

We
- ⬜ am
- ⬜ are

4

I
- ⬜ am
- ⬜ are

02. 그림을 보고 알맞은 말을 고르고 쓰세요.

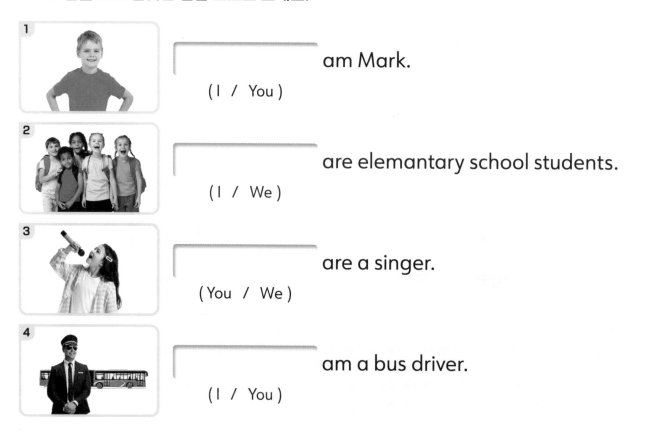

1

[   ] am Mark.

(I / You)

2

[   ] are elemantary school students.

(I / We)

3

[   ] are a singer.

(You / We)

4

[   ] am a bus driver.

(I / You)

03. 주어진 단어를 활용해서 <대명사 + be동사>로 시작하는 문장을 쓰세요.

1 twins

We are twins.

우리는 쌍둥이다.

2 a boy

I am _____.

나는 소년이다.

3 a painter

너는 화가이다.

4 cooks

너희들은 요리사이다.

5 queens

우리는 왕비이다.

6 a king

나는 왕이다.

He, She는 is와 함께 써요

| He is | She is |

He is my brother.

 **He is** '그는 ~이다'라고 말할 때 **He is~**로 써요.

 **She is** '그녀는 ~이다'라고 말할 때 **She is~**로 써요.

그는 매트이다.

He is Matt.

그녀는 자넷이다.

She is Janet.

 Check up 그림을 보고 He is 혹은 She is를 골라 함께 쓰세요.

my dad / a teacher

He is my dad.

my mom / a firefighter

They는 are와 함께 써요

We are   They are

They are my sisters.

 They are   '그들은 ~이다'라고 말할 때 **They are~**로 써요.

그들은 학생이다.

They are students.

그들은 경찰관이다.

They are police officers.

전체 정리하기	하나	be 동사	여럿	be 동사
	I	am	We	
	You	are	You	are
	He / She / It	is	They	

 Check up   그림을 보고 They are와 함께 쓰세요.

my friends / students

They are my friends.

my parents / doctors

47

01. 알맞은 단어를 골라 V 하세요.

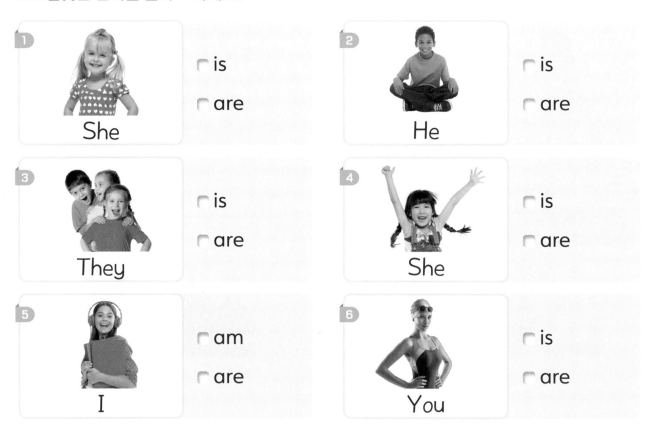

1 She — is / are

2 He — is / are

3 They — is / are

4 She — is / are

5 I — am / are

6 You — is / are

02. 그림을 보고 알맞은 말을 골라 문장을 완성하세요.

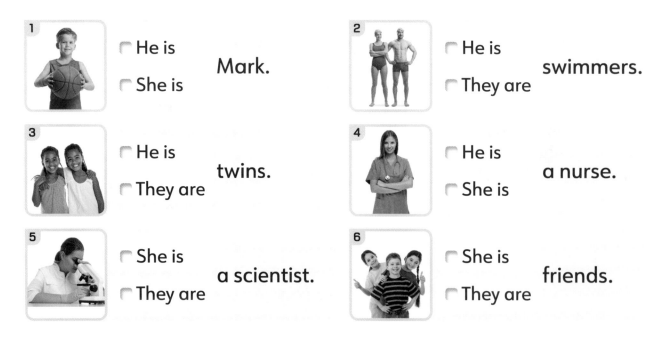

1 He is / She is Mark.

2 He is / They are swimmers.

3 He is / They are twins.

4 He is / She is a nurse.

5 She is / They are a scientist.

6 She is / They are friends.

03. 주어진 단어를 이용해 문장을 쓰세요.

1 `He` `a doctor` ➡ _____.

2 `She` `a genius` ➡ _____.

3 `They` `teachers` ➡ _____.

4 `We` `family` ➡ _____.

5 `You` `an actor` ➡ _____.

04. 주어진 단어들을 배열해 문장을 쓰고, 알맞은 그림과 연결하세요.

1 `my dad.` `is` `He`

_____

2 `They` `doctors.` `are`

_____

3 `is` `She` `my mom.`

_____

4 `is` `He` `my uncle.`

_____

49

It은 is와 함께 써요

It is	They are

It is a turtle.

 **It is** 동물이나 사물이 하나일 때 **It is~**로 써요.

그것은 고양이다.

It is a cat.

is와 함께 쓰이는 것들을 기억하세요.		
He 그는 She 그녀는	is 이다	my friend. 나의 친구.
It 그것은		my pet. 나의 애완동물.

☑ Check up 그림을 보고 It is와 함께 쓰세요.

a bird

It is a bird.

an ant

a duck

a ball

an apple

an eraser

여러 사물이나 동물은 **They are**로 써요

It is   **They are**

~~They are~~ **rabbits.**

 **They are** 동물이나 사물이 여럿일 때 **They are~**로 써요.

그것들은 고양이다.

They are cats.

are와 함께 쓰이는 것들을 기억하세요.

You 너는 We 우리는 They 그들은	are 이다	classmates. 반친구들.

 Check up 그림을 보고 **They are**와 함께 쓰세요.

birds

ants

ducks

~~They are birds.~~

balls

apples

erasers

51

01. 알맞는 단어를 골라 V 하세요.

1. It is ☐ a potato ☐ potatoes .

2. They are ☐ a bird ☐ birds .

3. It is ☐ a ball ☐ balls .

4. They are ☐ a rabbit ☐ rabbits .

02. 빈칸에 들어갈 알맞은 것을 고르고 쓰세요.

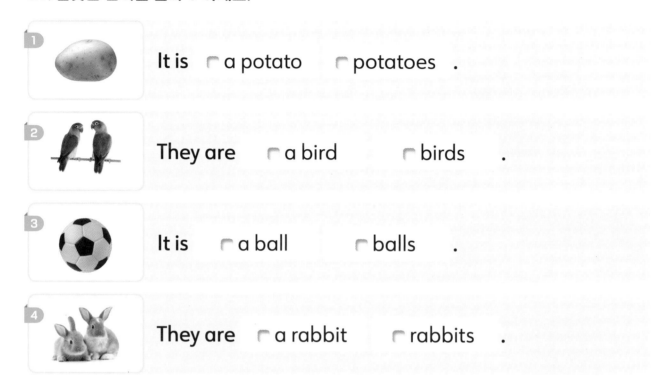

1		a toy.	☐ It is	☐ They are
2		a rose.	☐ It is	☐ They are
3		rulers.	☐ It is	☐ They are
4		a crayon.	☐ It is	☐ They are
5		tigers.	☐ It is	☐ They are

03. 주어진 단어를 활용해서 <대명사 + be동사>로 시작하는 문장을 쓰세요.

1

brushes

They are brushes.

그것들은 붓이다.

2

a brush

It is _____.

그것은 붓이다.

3

a bird

그것은 새이다.

4

birds

그것들은 새이다.

5

pencils

그것들은 연필이다.

6

a pencil

그것은 연필이다.

Review

A. 알맞은 단어를 골라 V 하세요.

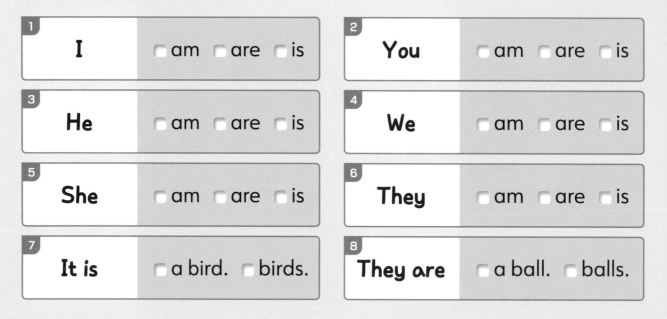

1	I	☐ am ☐ are ☐ is
2	You	☐ am ☐ are ☐ is
3	He	☐ am ☐ are ☐ is
4	We	☐ am ☐ are ☐ is
5	She	☐ am ☐ are ☐ is
6	They	☐ am ☐ are ☐ is
7	It is	☐ a bird. ☐ birds.
8	They are	☐ a ball. ☐ balls.

B. 알맞은 것을 찾아 연결하고 문장을 완성하세요.

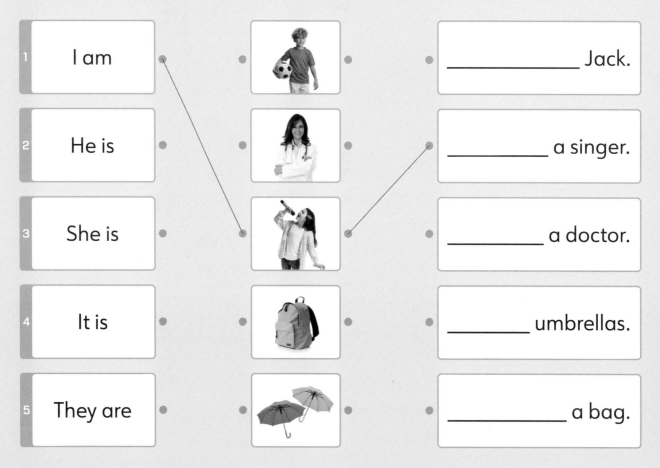

1	I am		_____ Jack.
2	He is		_____ a singer.
3	She is		_____ a doctor.
4	It is		_____ umbrellas.
5	They are		_____ a bag.

C. 그림을 보고 주어진 단어를 이용해 문장을 쓰세요.

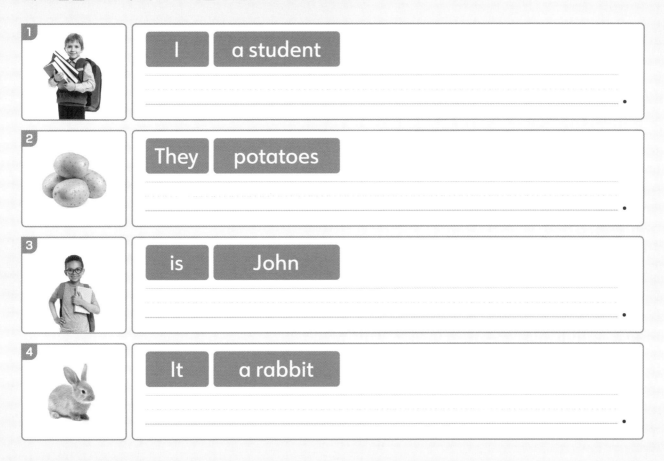

1. | I | a student |

_____

_____.

2. | They | potatoes |

_____

_____.

3. | is | John |

_____

_____.

4. | It | a rabbit |

_____

_____.

D. 그림을 보고 알맞은 단어를 써서 문장을 완성하세요.

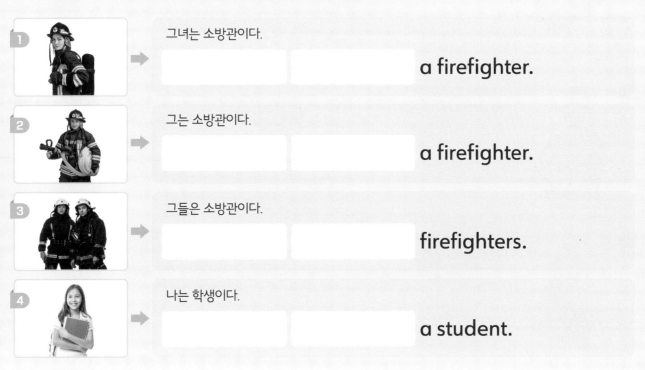

1. 그녀는 소방관이다.

   → _____ _____ a firefighter.

2. 그는 소방관이다.

   → _____ _____ a firefighter.

3. 그들은 소방관이다.

   → _____ _____ firefighters.

4. 나는 학생이다.

   → _____ _____ a student.

E. 그림을 보고 틀린 부분을 고쳐 문장을 다시 쓰세요.

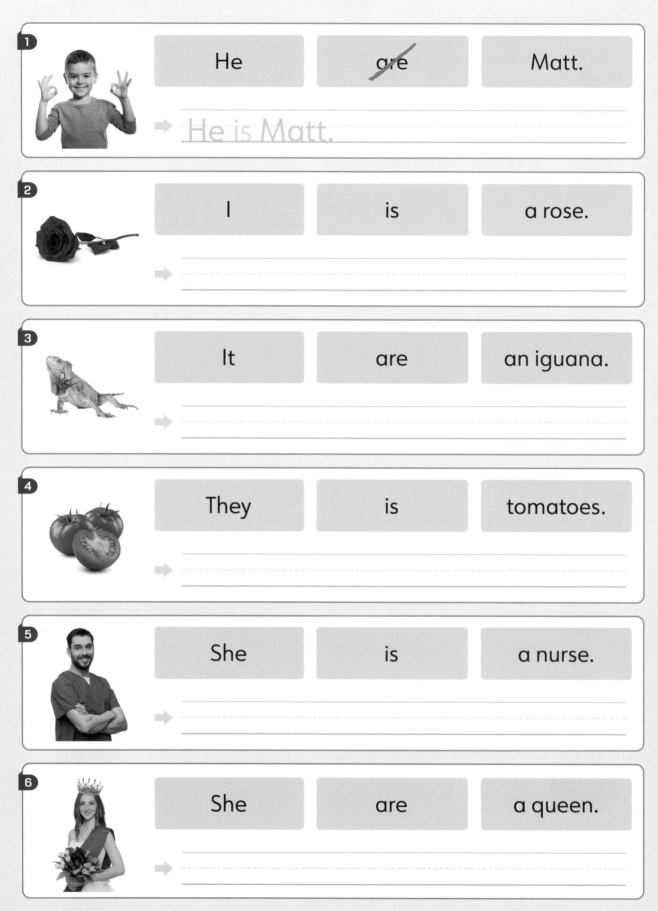

1

| He | ~~are~~ | Matt. |

➡ He is Matt.

2

| I | is | a rose. |

➡

3

| It | are | an iguana. |

➡

4

| They | is | tomatoes. |

➡

5

| She | is | a nurse. |

➡

6

| She | are | a queen. |

➡

I am not

kid 아이
pilot 조종사
robot 로봇
vet 수의사

You/We are not

king 왕
queen 여왕
family 가족
best friend 친한친구

They are not

chef 요리사
waiter 웨이터
actor 배우
racer 경주선수

He/She/It is not

baker 제빵사
baby 아기
scientist 과학자
painter 화가

PART 4
be동사
부정문

'아니다'라고 부정할 때
be동사 다음에 not을 써요.

Unit 01

월   일   나의 평가는?   ☆☆☆☆☆

be동사의 부정문 1은 **I am not, You are not**처럼 문장에서 be동사 다음에 not을 쓰는 규칙을 배울 거예요.

Unit 02

월   일   ☆☆☆☆☆

be동사의 부정문 2는 **He/She is not, They are not**처럼 문장에서 be동사 다음에 not을 쓰는 규칙을 배울 거예요.

Unit 03

월   일   ☆☆☆☆☆

be동사의 부정문 3은 동물, 사물과 관련된 **It is not, They are not**을 쓰는 규칙을 배울 거예요.

아닐 때는 **I am not**으로 써요

I am	**I am not**

I am not **a girl.**

I am not '나는 ~가 아니다'라고 말할 때 **I am not**~으로 써요.

나는 꼬마이다.

I am a kid.

나는 꼬마가 아니다.

I am not a kid.

☑ Check up 그림을 보고 I am not과 함께 쓰세요.

I am a cook.

a dancer.

a singer.

I am a student.

a teacher.

a girl.

아닐 때는 **You are not**으로 써요

| You are | You are not |

You are not **a king.**

You/We are not '너는(너희들은)/우리는 ~가 아니다'라고 말할 때
You/We are not~으로 써요.

너는 벤이 아니다.

You are not Ben.

우리는 가족이 아니다.

We are not family.

Check up 그림을 보고 You are not 혹은 We are not과 함께 쓰세요.

You are a singer.

You are not a dancer.

a teacher.

We are doctors.

nurses.

cooks.

59

01. 알맞은 것을 골라 V 하세요.

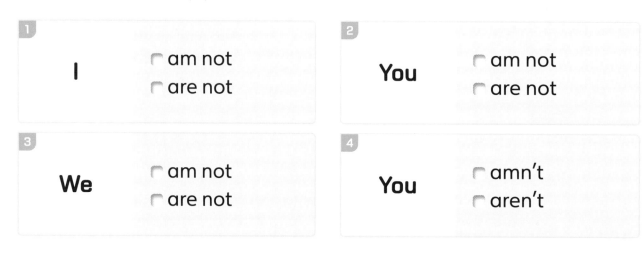

1	
I	☐ am not ☐ are not

2	
You	☐ am not ☐ are not

3	
We	☐ am not ☐ are not

4	
You	☐ amn't ☐ aren't

02. 그림을 보고 알맞은 것을 골라 문장을 완성하세요.

1. ☐ I am   ☐ I am not **a baby.**

2. ☐ We are   ☐ We are not **singers.**

3. ☐ You are   ☐ You are not **a painter.**

4. ☐ You are   ☐ You are not **pilots.**

5. ☐ I am   ☐ I am not **a king.**

03. 주어진 단어를 보고 우리말에 맞게 문장을 쓰세요.

1 a kid

I am not a kid.

나는 아이가 아니다.

2 singers

We are   .

우리는 가수가 아니다.

3 a queen

나는 여왕이 아니다.

4 nurses

너희들은 간호사가 아니다.

5 family

우리는 가족이 아니다.

6 best friend

너는 내 가장 친한 친구가 아니다.

7 your friend

나는 너의 친구가 아니다.

아닐 때는 **He/She is not**으로 써요

He is not	She is not

~~She is not~~ **a farmer.**

He/She is not '그/그녀는 ~가 아니다'라고 말할 때 **He/She is not~**으로 써요.

그는
제빵사가 아니다.

He is not a baker.

그녀는
아기가 아니다.

She is not a baby.

✅ Check up **그림을 보고 He is not 혹은 She is not과 함께 쓰세요.**

He is a teacher.

~~He is not a pilot.~~

~~a student.~~

She is a firefighter.

~~a scientist.~~

~~a teacher.~~

아닐 때는 **They are not**으로 써요

They are | **They are not**

~~They are not~~ chefs.

They are not '그들은 ~가 아니다'라고 말할 때 **They are not~**으로 써요.

> 그들은
> 작가가 아니다.

They are not writers.

not과 함께 쓰이는 것들을 기억하세요.

He She It	is not 아니다	We You They	are not 아니다

✓ Check up 그림을 보고 They are not과 함께 쓰세요.

They are scientists.

~~They are not pilots.~~

~~farmers.~~

They are reporters.

~~waiters.~~

~~actors.~~

01. 알맞은 것을 골라 V 하세요.

1

She
- is not
- are not

2

He
- is not
- are not

3

They
- is not
- are not

4

We
- is not
- are not

02. 그림을 보고 알맞은 것을 골라 문장을 완성하세요.

1 He is   He is not   **a farmer.**

2 They are   They are not   **scientists.**

3 She is   She is not   **a vet.**

4 They are   They are not   **police officers.**

5 He is not   She is not   **a racer.**

03. 주어진 단어를 보고 우리말에 맞게 문장을 쓰세요.

1

a student

He is not a student.

그는 학생이 아니다.

2

actors

They are _____ .

그들은 배우가 아니다.

3

a robot

그는 로봇이 아니다.

4

a firefighter

그녀는 소방관이 아니다.

5

reporters

그들은 기자가 아니다.

6

a pilot

그녀는 조종사가 아니다.

7

his family

그녀는 그의 가족이 아니다.

아닐 때는 **It is not**으로 써요

It is not	They are not

It is not a lion.

It is not '그것은 ~가 아니다'라고 말할 때 **It is not~**으로 써요.

> 그것은
> 전화기가 아니다.

It is not a phone.

> 그것은
> 인형이 아니다.

It is not a doll.

 Check up 그림을 보고 It is not과 함께 쓰세요.

It is a pencil.

It is not a pen.

a toy.

It is a horse.

a cat.

a zebra.

It is not | **They are not**

~~They are not~~ dolphins.

They are not '그것들은 ~가 아니다'라고 말할 때 **They are not~**으로 써요.

그것들은
꽃이 아니다.

They are not flowers.

그것들은
곰이 아니다.

They are not bears.

 Check up 그림을 보고 They are not과 함께 쓰세요.

They are bikes.

~~They are not cars.~~

buses.

They are rabbits.

cats.

cows.

Exercise

01. 알맞은 것을 골라 V 하세요.

1   ☐ It is   ☐ It is not   **a lion.**

2   ☐ They are   ☐ They are not   **bikes.**

3   ☐ It is   ☐ It is not   **a pencil.**

02. 빈칸에 들어갈 알맞은 것을 고르고 쓰세요.

1				a watch.	☐ It is not ☐ They are not
2				brushes.	☐ It is not ☐ They are not
3				rabbits.	☐ It is not ☐ They are not
4				a pig.	☐ It is not ☐ They are not
5				erasers.	☐ It is not ☐ They are not

03. 주어진 단어를 보고 우리말에 맞게 문장을 쓰세요.

1

a cat

It is not a cat.

그것은 고양이가 아니다.

2

cars

They are _____.

그것들은 자동차가 아니다.

3

watches

그것들은 손목시계가 아니다.

4

a pen

그것은 펜이 아니다.

5

erasers

그것들을 지우개가 아니다.

6

a horse

그것은 말이 아니다.

7

shoes

그것들은 신발이 아니다.

Review

A. 그림을 보고 알맞은 말을 골라 문장을 완성하세요.

보기　　am　　are　　is　　not

1　I ☐ ☐ a baby.

2　They ☐ ☐ students.

3　You ☐ ☐ a singers.

4　We ☐ ☐ friends.

5　She ☐ ☐ a firefighter.

6　He ☐ ☐ a baker.

7　I ☐ ☐ a cook.

8　You ☐ ☐ teachers.

9　It ☐ ☐ a cat.

10　They ☐ ☐ cows.

B. 그림을 보고 주어진 단어를 이용해 문장을 쓰세요.

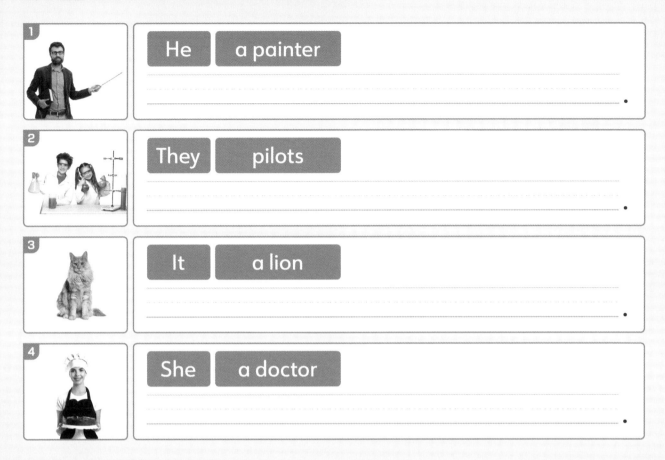

1. | He | a painter |

_____

2. | They | pilots |

_____

3. | It | a lion |

_____

4. | She | a doctor |

_____

C. 그림을 보고 알맞은 단어를 써서 문장을 완성하세요.

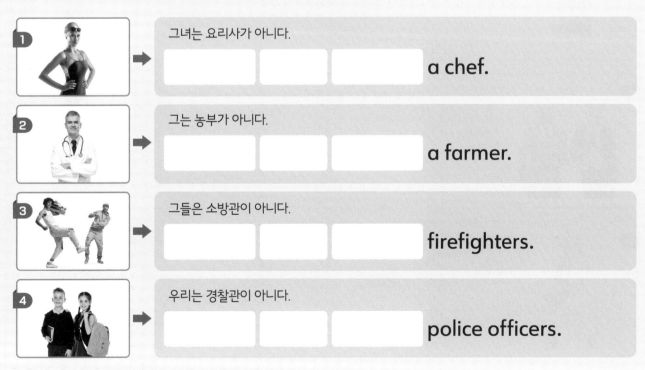

1. 그녀는 요리사가 아니다.

| | | | a chef.

2. 그는 농부가 아니다.

| | | | a farmer.

3. 그들은 소방관이 아니다.

| | | | firefighters.

4. 우리는 경찰관이 아니다.

| | | | police officers.

D. 그림을 보고 틀린 부분을 고쳐 문장을 다시 쓰세요.

1

| He | ~~is~~ | a scientist. |

➡ He is not a scientist.

2

| I | not am | a swimmer. |

➡

3

| It | is | an egg. |

➡

4

| They | is not | crayons. |

➡

5

| We | are | nurses. |

➡

6

| She | is | a king. |

➡

72

Are you/they~?

tennis player 테니스 선수
vegetable 채소
fruit 과일
reader 독자

Is it~?

melon 멜론
animal 동물
monkey 원숭이
penguin 펭귄

Is he/she~?

nurse 간호사
dentist 치과의사
angry 화가 난
cute 귀여운

Yes, No

box 상자
guitar 기타
dolphin 돌고래
fan 선풍기

PART 5
be동사 의문문

'~이니?'라고 물어볼 때
be동사 위치에 주의해야 해요.

Unit 01

나의 평가는?
월 일 ☆☆☆☆☆

be동사의 의문문 1은 Are you/they~?, Is he/she~?처럼 be동사를 문장 앞에 쓰는
규칙을 배울 거예요.

Unit 02

월 일 ☆☆☆☆☆

be동사의 의문문 2는 동물, 사물과 관련된 질문을 Are they~?, Is it~?으로 쓰는 규칙을
배울 거예요.

Unit 03

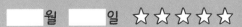

월 일 ☆☆☆☆☆

be동사의 의문문 3은 be동사 질문에 Yes, No로 답하는 규칙을 배울 거예요.

Are you~? 로 물어봐요

You are | Are you

Are you a baker?

Are you~? '너는(너희들은) ~이니?'라고 물을 때 **Are**를 문장 앞에 써요.

Are you Jack?

Are you a chef?

You와 are의 자리를 바꿔 쓰며 물어봐요.

You	are	a chef.
Are	you	a chef?

Tip! 묻는 말인 의문문은 마침표(.) 대신 물음표(?)를 써요.

⊘ Check up 그림을 보고 Are you로 물어보세요.

Amy / a baby

Are you Amy?

Jack / a student

Is he/she~? 로 물어봐요

He is	Is he

Is he **a waiter?**

Is he/she~? '그/그녀는 ~이니?'라고 물을 때 **Is**를 문장 앞에 써요.

Is she Amy?

Is she a dentist?

She와 is의 자리를 바꿔 쓰며 물어봐요.

She	is	a dentist.

Is	she	a dentist?

Tip! 남자에 대해 물을 때는 Is he ~?로 써요. Is he Matt? / Is he a writer?

☑ Check up **그림을 보고 Is he 혹은 Is she로 물어보세요.**

Joe / a teacher

Is he Joe?

Anne / a nurse

01. 알맞은 단어를 골라 V 하세요.

1
☐ Are
☐ Is
he a dentist?

2
☐ Are
☐ Is
you a baker?

3
☐ Are
☐ Is
she a chef?

4
☐ Are
☐ Is
he a student?

02. 그림을 보고 알맞은 말을 써서 문장을 완성하세요.

1

Are _____ a girl?

2

Is _____ a tennis player?

3

Is _____ a nurse?

4

Are _____ friends?

5

Is _____ a farmer?

03. 주어진 단어들을 배열해 우리말에 맞게 문장을 쓰세요.

1

a dentist?
/Is /she

Is she a dentist?

그녀는 치과의사이니?

2

you
/an artist?
/Are

너는 예술가이니?

3

her chef?
/Are /you

너는 그녀의 요리사이니?

4

he /Is
/a hairdresser?

그는 미용사이니?

5

the elephant
/Is /big?

그 코끼리는 크니?

6

you /Are
/angry?

너는 화가 났니?

7

cute?
/she /Is

그녀는 귀엽니?

Is it~? 으로 물어봐요

It is   Is it

Is it a melon?

Is it~? '그것은 ~이니?'라고 하나인 사물이나 동물에 대해 물을 때
Is it~?이라고 써요.

Is it an animal?

Is it a monkey?

It과 is의 자리를 바꿔 쓰며 물어봐요.

It	is	a monkey.

Is	it	a monkey?

Tip! 하나를 물을 때는 Is로 써요. Is Matt your brother? / Is the car big?

Check up 그림을 보고 Is it으로 물어보세요.

a bird / a penguin

Is it a bird?

a dog / a rabbit

They are │ **Are they**

Are they **vegetables?**

Are they~? '그것들은(그들은) ~이니?'라고 여러 사물이나 동물 등에 대해 물을 때
Are they~?라고 써요.

Are they caps?

Are they hats?

They와 are의 자리를 바꿔 쓰며 물어봐요.

They	are	hats.
Are	they	hats?

Tip! 여럿을 물을 때는 Are로 써요. Are the girls cute? / Are the flowers roses?

✓Check up **그림을 보고 Are they로 물어보세요.**

chefs / bakers

Are they chefs?

apples / fruits

01. 알맞은 것을 골라 V 하세요.

1

Is it
- ☐ a bird?
- ☐ birds?

2

Are they
- ☐ a ball?
- ☐ balls?

3

Are they
- ☐ a doctor?
- ☐ doctors?

4

Is it
- ☐ a rabbit?
- ☐ rabbits?

5

Is she
- ☐ my sister?
- ☐ my sisters?

6

Are they
- ☐ my brother?
- ☐ my brothers?

02. 빈칸에 들어갈 알맞은 것을 고르고 쓰세요.

1		a turtle?	☐ Is it	☐ Are they
2		dolphins?	☐ Is it	☐ Are they
3		potatoes?	☐ Is it	☐ Are they
4		a crayon?	☐ Is it	☐ Are they
5		boys?	☐ Is he	☐ Are they
6		a girl?	☐ Is she	☐ Are they

03. 주어진 단어와 be동사를 사용해 질문을 쓰세요.

1 a bird

Is it a bird?

그것은 새이니?

2 fruits

그것들은 과일이니?

3 fish

그것들은 물고기이니?

4 a rabbit

그것은 토끼이니?

5 your sisters

그들은 네 여동생이니?

6 your family

그들은 네 가족이니?

81

Yes, No로 질문에 답해요

Are you
a king?

Yes, I am.   No, I'm not.

Yes, I am.

you로 물을 때 대답

Are you~?로 물으면 다음과 같이 답해요.

Yes, I am.	No, I'm not.

Are you~? 질문은 Yes나 No로 다음과 같이 답해요.

Yes,	I	am.
No,	I'm	not.

Are you a doctor?

✓Check up 그림을 보고 Yes 혹은 No를 골라 답하세요.

Are you a
singer?

Yes, I am.

Are you a
student?

Are you a
cook?

Are you a
teacher?

he, she로 질문에 답해요

Is he a king?

Yes, he is.　No, he isn't.

Yes, he is.

he, she로 물을 때 대답

Is he/she~? 혹은 **Are they~?**로 물으면 다음과 같이 답해요.

Is he/she~?	Yes, he/she is.	No, he/she isn't.
Are they~?	Yes, they are.	No, they aren't.

Is she a doctor?

he나 she로 묻는 질문은 he나 she로 답해요.

Yes,	she	is.
No,	she	isn't.

✓ Check up 그림을 보고 Yes 혹은 No를 골라 답하세요.

Is she a baby?

Yes, she is.

Is he a scientist?

Are they erasers?

Is it a box?

01. 질문에 알맞은 대답을 골라 V 하세요.

1. Are you a grandfather?
   - ☐ Yes, I am.
   - ☐ No, I'm not.

2. Is she a grandmother?
   - ☐ Yes, she is.
   - ☐ No, she isn't.

3. Is it a guitar?
   - ☐ Yes, it is.
   - ☐ No, it isn't.

4. Are they dolphins?
   - ☐ Yes, they are.
   - ☐ No, they aren't.

02. 질문에 알맞은 대답을 연결하세요.

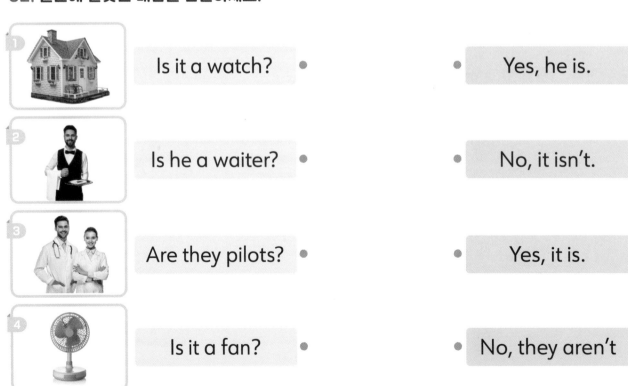

Is it a watch? ●	● Yes, he is.
Is he a waiter? ●	● No, it isn't.
Are they pilots? ●	● Yes, it is.
Is it a fan? ●	● No, they aren't

03. 그림을 보고 질문에 맞는 대답을 쓰세요.

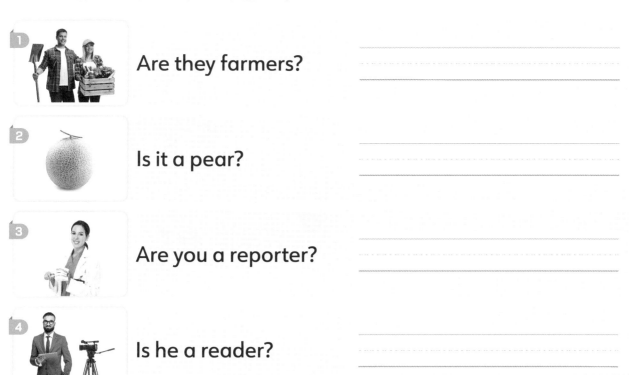

1 Are they farmers?

2 Is it a pear?

3 Are you a reporter?

4 Is he a reader?

04. 그림을 보고 질문에 맞는 대답을 쓰세요.

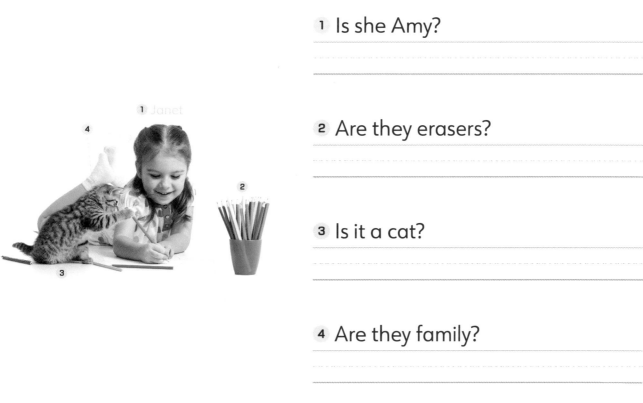

1 Is she Amy?

2 Are they erasers?

3 Is it a cat?

4 Are they family?

Review

A. 그림을 보고 알맞은 말을 써서 문장을 완성하세요.

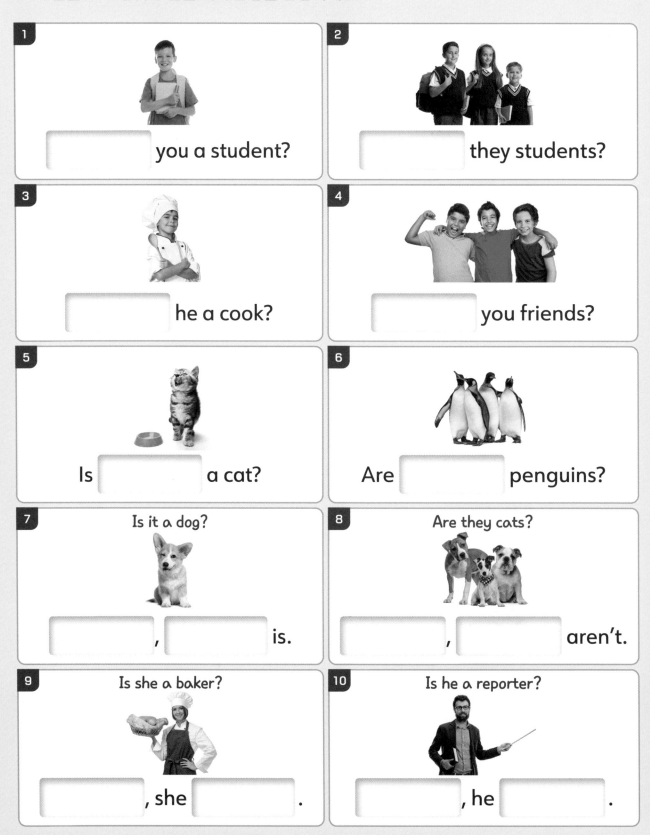

1 [____] you a student?

2 [____] they students?

3 [____] he a cook?

4 [____] you friends?

5 Is [____] a cat?

6 Are [____] penguins?

7 Is it a dog?
[____] , [____] is.

8 Are they cats?
[____] , [____] aren't.

9 Is she a baker?
[____] , she [____] .

10 Is he a reporter?
[____] , he [____] .

B. 그림을 보고 주어진 단어를 이용해 문장을 쓰세요.

1. | you | a baby |
   _____ ?

2. | she | a teacher |
   _____ ?

3. | it | a bird |
   _____ ?

4. | they | dolphins |
   _____ ?

C. 그림을 보고 알맞은 단어를 써서 문장을 완성하세요.

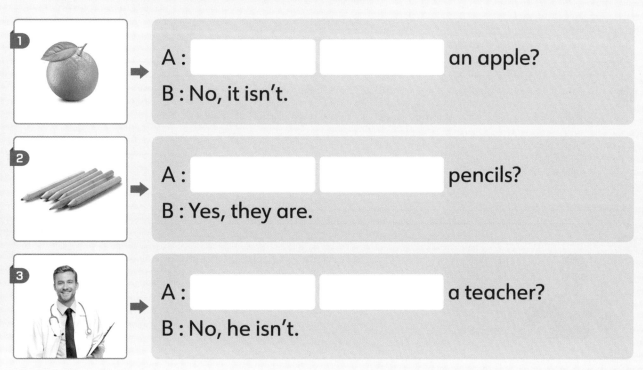

1. A : _____ _____ an apple?
   B : No, it isn't.

2. A : _____ _____ pencils?
   B : Yes, they are.

3. A : _____ _____ a teacher?
   B : No, he isn't.

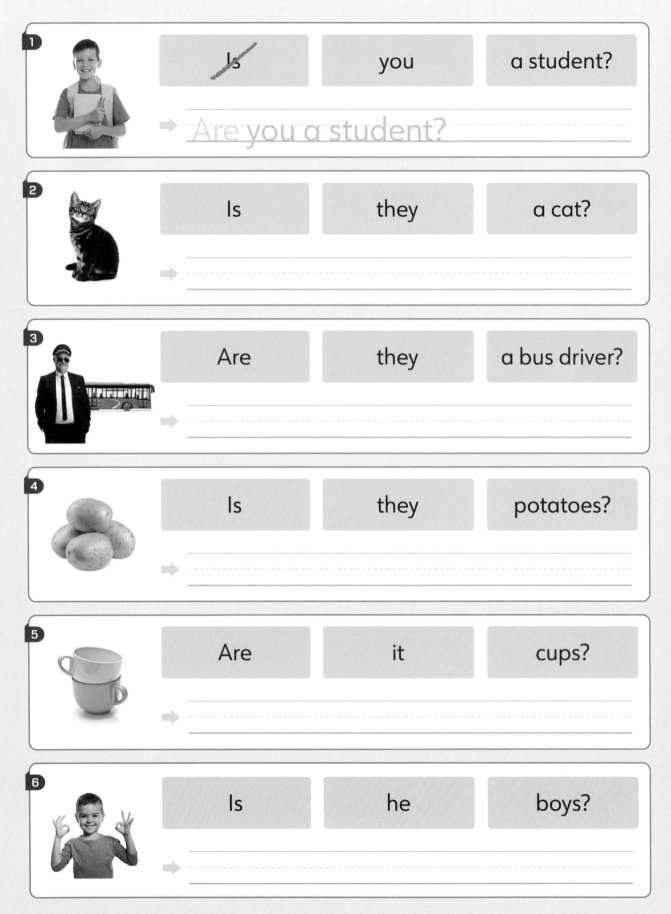

1

| ~~Is~~ | you | a student? |

➡ Are you a student?

2

| Is | they | a cat? |

3

| Are | they | a bus driver? |

4

| Is | they | potatoes? |

5

| Are | it | cups? |

6

| Is | he | boys? |

주어+동사

walk 걷다
run 뛰다
swim 수영하다
cook 요리하다

동사+s

read 읽다
play 놀다
ride 가다
eat 먹다

동사+es

wash 씻다
fix 고치다
watch 보다
push 밀다

have/has

ball 공
car 차
toy 장난감
bird 새

PART 6
일반동사

일반동사는 '걷다, 달리다, 날다'처럼
움직임을 나타내는 말이에요.

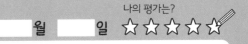

Unit 01

일반동사는 '누가' 다음에 오는 말로 동사 위치와 다양한 동사 표현을 문장을 통해 배울 거예요.

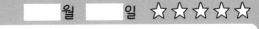

Unit 02

일반동사 + s는 '누가'라는 주어가 He, She, It 등일 때 동사가 변하는 규칙을 배울 거예요.

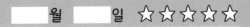

Unit 03

일반동사 + es은 문장 앞에 '누가'라는 주어에 따라 -es를 쓰고 동사 모양이 변하는 규칙을 배울 거예요.

동사를 알아봐요

am walk

I walk fast.

💡 **동사** 걷고, 달리고, 점프하는 등의 **움직임을 나타내는 것**을 **동사**라고 해요.
동작을 나타내는 동사들을 알아봐요.

I **dance** well.

run

swim

sing

cook

read

study

✅ Check up **그림에 알맞은 동사를 고르고, I와 함께 쓰세요.**

(run) / walk

I run

walk / sing

swim / read

동사 앞에 오는 말을 알아봐요

walk   You jump

You jump high.

I/You/We/They + 동사   동사 앞에 쓰는 I, You, We, They 등
주어는 동작을 하는 사람을 나타내요.

| I | see |

| You | eat |

| We | wash |

| They | drink |

Tip! 동작을 나타내는 것은 동사, 동작을 하는 사람은 주어예요. 주어는 동사 앞에 써요.

Check up 그림을 보고 <주어 + 동사> 형태로 쓰세요.

You
+
eat

You eat

We
+
drink

They
+
see

01. 알맞은 단어를 골라 V 하세요.

1. ☐ run
   ☐ jump

2. ☐ run
   ☐ drink

3. ☐ eat
   ☐ walk

4. ☐ swim
   ☐ dance

5. ☐ swim
   ☐ drink

6. ☐ sing
   ☐ dance

02. 그림을 보고 알맞은 문장과 연결하세요.

1.

2.

3.

4.

You walk.

They wash.

We drink.

I see.

03. 주어진 단어들을 배열해 우리말에 맞게 문장을 쓰세요.

1 water. /drink /I

I drink water.

나는 물을 마신다.

2 You /fast. /swim

너는 빠르게 수영한다.

3 apples. /eat /We

우리는 사과를 먹는다.

4 high. /jump /You

너는 높이 점프한다.

5 walk /fast. /I

나는 빠르게 걷는다.

6 sing /We /well.

우리는 노래를 잘한다.

7 a car. /You /wash

너희들은 세차한다.

He read **He reads**

He reads **books.**

He/She/It + 동사s   동작을 하는 주어가 **He, She, It**일 때는 **<동사s>**로 고쳐 써야 해요.

He   **plays**   She   **works**   It   **sleeps**

문장 정리하기	주어	동사s	~.
	He / She / It	jumps / swims / sits	there.

 Check up   그림을 보고 **He** 혹은 **She**를 고르고, 동사를 고쳐 쓰세요.

make

He makes

love

cook

dance

주어에 따라 동사 모양을 바꿔 써요

He rides	They ride

~~He rides~~ **a bike.**

주어에 따라 동사 모양이 어떻게 바뀌는지 전체를 정리해 봐요.

주어 + 동사	I, You, We, They	walk
주어 + 동사s	He, She, It	walks

일반동사	주어에 따른 일반동사 형태						
	I	you	we	they	he	she	it
drink			drink			drinks	
run			run			runs	
eat			eat			eats	

Check up 그림을 보고 주어에 맞게 동사를 고쳐 쓰세요.

He + play

~~He plays~~

I + like

You + draw

She + buy

95

Exercise

01. 알맞은 것을 골라 V 하세요.

1

He
- ☐ play
- ☐ plays

2

We
- ☐ cook
- ☐ cooks

3

She
- ☐ like
- ☐ likes

4

They
- ☐ make
- ☐ makes

5

It
- ☐ eat
- ☐ eats

6

I
- ☐ jump
- ☐ jumps

02. 그림을 보고 알맞은 것을 골라 문장을 완성하세요.

1

☐ He　☐ We　**cook well.**

2

☐ She　☐ They　**dances well.**

3

☐ It　☐ They　**drinks milk.**

4

☐ We　☐ She　**reads books.**

03. 주어진 단어를 보고 우리말에 맞게 문장을 쓰세요.

1

read

He reads books.

그는 책을 읽는다.

2

ride

a bike.

그녀는 자전거를 탄다.

3

love

chocolate.

그는 초콜릿을 사랑한다.

4

make

a cake.

그녀는 케이크를 만든다.

5

swim

well.

그는 수영을 잘 한다.

6

sing

well.

그녀는 노래를 잘 한다.

7

cook

well.

그는 요리를 잘 한다.

동사에 따라 -es를 붙여요

He wash | He washes

He washes a car.

 **동사es** o, x, s, sh, ch로 끝나는 동사는 <**He/She/It + 동사es**>로 써요.

그는 거기에 간다.

He goes there.

그는 차를 고친다.

He fixes a car.

일반동사	복수	예
대부분의 동사	+ s	sees, feels, moves, loves, makes, learns
-o, -x, -s, -sh, -ch	+ es	does, goes, watches, washes, touches, fixes, pushes

☑ Check up 그림을 보고 He나 She를 고르고, 동사를 바꿔 쓰세요.

do

She does

watch

push

go

have는 has로 바꿔요

She have	She has

She has **a cat.**

have → has 주어가 He/She/It일 때 have는 **has**로 써요.

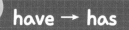

나는 공을
가지고 있다.

I have a ball.

그것은 공을
가지고 있다.

It has a ball.

Tip! have/has는 '가지고 있다', '먹다'라는 의미로 쓰여요.
He | have / **has** | toys. (그는 장난감을 가지고 있다.)　　They | **have** / has | sandwiches. (그들은 샌드위치를 먹는다.)

Check up **주어에 맞게 동사를 바꿔 쓰세요.**

I / You / We / They	He / She / It
+	+
fix	fixes
wash	
touch	
have	

01. 알맞은 것을 골라 V 하세요.

1 He
- ⬜ touch
- ⬜ touches

2 We
- ⬜ go
- ⬜ goes

3 She
- ⬜ push
- ⬜ pushes

4 They
- ⬜ has
- ⬜ have

5 I
- ⬜ do
- ⬜ does

6 It
- ⬜ has
- ⬜ have

02. 그림을 보고 알맞은 것을 골라 문장을 완성하세요.

1  ⬜ He ⬜ We fixes a car.

2  ⬜ She ⬜ They goes on a trip.

3  ⬜ It ⬜ They have a rabbit.

4  ⬜ He ⬜ We has oranges.

03. 주어진 단어를 보고 우리말에 맞게 문장을 쓰세요.

fix a car

She fixes a car.

그녀는 차를 고친다.

watch TV

우리는 TV를 본다.

have a bird

그는 새가 있다.

eat oranges

그녀는 오렌지를 먹는다.

push the girl

그는 그 소녀를 민다.

go to school

그들은 학교에 간다.

Review

A. 그림을 보고 알맞은 것을 골라 문장을 완성하세요.

1. I / He   sing well.

2. We / She   jumps high.

3. It / They   loves apples.

4. You / He   sings well.

5. It   have / has   a ball.

6. They   have / has   books.

7. She   wash / washes   a car.

8. We   go / goes   there.

9. I   play / plays   games.

10. He   sleep / sleeps   well.

B. 그림을 보고 주어진 단어를 이용하여 문장을 쓰세요.

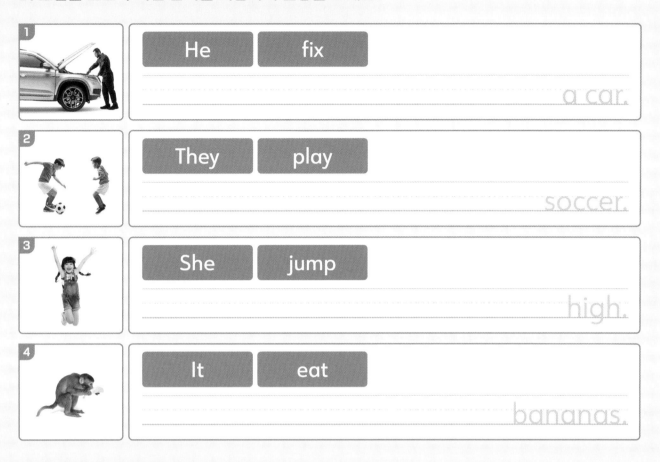

1. | He | fix |

   _____ a car.

2. | They | play |

   _____ soccer.

3. | She | jump |

   _____ high.

4. | It | eat |

   _____ bananas.

C. 보기에서 알맞은 단어를 주어에 맞게 바꿔 써서 문장을 완성하세요.

1. I _____ fast.

2. He _____ a cat.

3. She _____ a bike.

4. She _____ milk.

보기

walk

ride

see

drink

D. 그림을 보고 틀린 부분을 고쳐 문장을 다시 쓰세요.

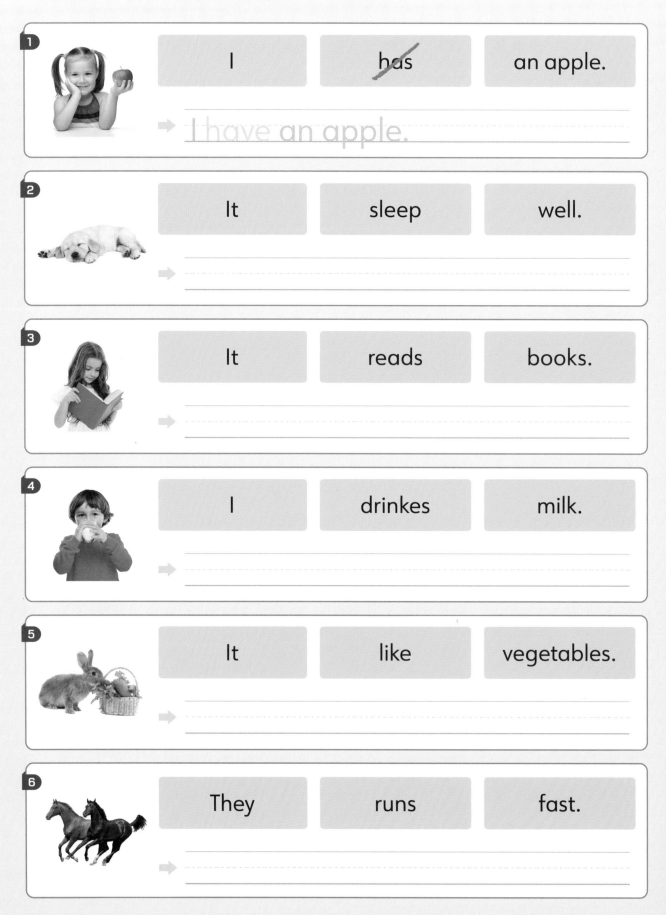

1.

| I | ~~has~~ | an apple. |

➡️ I have an apple.

2.

| It | sleep | well. |

3.

| It | reads | books. |

4.

| I | drinkes | milk. |

5.

| It | like | vegetables. |

6.

| They | runs | fast. |

PART 7

일반동사의 부정문, 의문문

동사를 이용하여 '하지 않는다'라고 부정하고, '~하니?'처럼 질문해요.

Unit 01

 월

일반동사 부정문 1은 주어 다음에 **do not**을 쓰는 문장 규칙을 배울 거예요.

Unit 02

 월 일

일반동사 부정문 2는 '누가'라는 주어가 **He, She, It** 등일 때 **does not**을 쓰는 문장 규칙을 배울 거예요.

Unit 03

 월 일

일반동사 의문문은 문장 앞에 '누가'라는 주어에 따라 **Do** 나 **Does**를 쓰는 규칙을 배울 거예요.

하지 않을 때는 **do not**으로 써요

do not	do not like

I do not like vegetables.

do not + 동사

하지 않는 행동은 **<do not + 동사>**로 써요.
do not은 don't로 쓸 수 있어요. (I don't / You don't)

나는 우유를
마시지 않는다.

I do not drink milk.

너는 쿠키를
원하지 않는다.

You do not want cookies.

문장
정리하기

주어	do not(= don't)	동사
I	do not(= don't)	swim.

✓Check up 그림을 보고 I do not(don't) 혹은 You do not(don't)을 골라 쓰세요.

I have a cat.

I do not have a dog.

= I don't have a dog.

You eat cake.

carrots.

= carrots.

We/They는 do not으로 써요

We do · We do not

~~We do not~~ **walk.**

We/They do not + 동사

하지 않는 행동은 **<do not + 동사>**로 써요.
do not은 don't로 쓸 수 있어요. (We don't / They don't)

우리는 수영하지 않는다.

We do not **swim**.

그것들은 날지 않는다.

They do not **fly**.

문장 정리하기

주어	do not(= don't)	동사
We / They	do not(= don't)	sleep.

✔ Check up 그림을 보고 We do not(don't) 혹은 They do not(don't)을 골라 쓰세요.

We play soccer.

~~We do not play tennis.~~

= ~~We don't play tennis.~~

They live in water.

~~on land.~~

= ~~on land.~~

107

01. 알맞은 것을 골라 V 하세요.

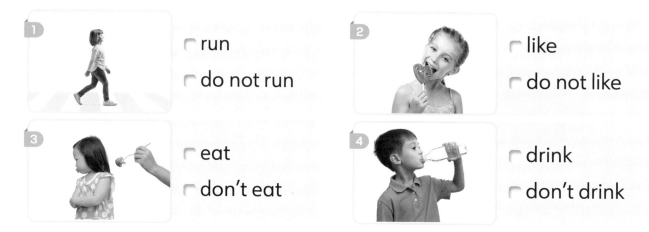

1
- ☐ run
- ☐ do not run

2
- ☐ like
- ☐ do not like

3
- ☐ eat
- ☐ don't eat

4
- ☐ drink
- ☐ don't drink

02. 그림을 보고 알맞은 것을 골라 문장을 완성하세요.

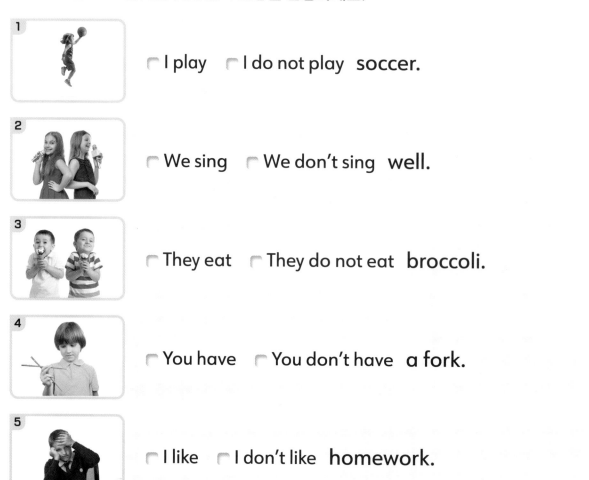

1
- ☐ I play   ☐ I do not play   **soccer.**

2
- ☐ We sing   ☐ We don't sing   **well.**

3
- ☐ They eat   ☐ They do not eat   **broccoli.**

4
- ☐ You have   ☐ You don't have   **a fork.**

5
- ☐ I like   ☐ I don't like   **homework.**

03. 주어진 단어를 보고 우리말에 맞게 문장을 쓰세요.

1 like cookies

I do not like cookies.

나는 쿠키를 좋아하지 않는다.

2 eat cake

그들은 케이크를 먹지 않는다.

3 swim

우리는 수영하지 않는다.

4 live on land

그것들은 육지에 살지 않는다.

5 have a dog

나는 개가 있지 않다.

6 read books

너는 책을 읽지 않는다.

7 drink coffee

그들은 커피를 마시지 않는다.

He, She는 does not으로 써요

She do not | **She does not**

She does not like milk.

 **He/She does not + 동사**

그/그녀가 하지 않는 행동은 **does not** 다음에 동사를 그대로 써야 해요. does not은 doesn't로 쓸 수 있어요.

그는
울지 않는다.

He does not cry.

그녀는
요리하지 않는다.

She does not cook.

Tip! 동사는 원래 모습 그대로 쓰는 것에 주의해요. He likes milk. → He doesn't like milk.

✓ Check up 그림을 보고 He does not(doesn't) 혹은 She does not(doesn't)과 함께 쓰세요.

He eats bread.

He does not eat fish.

= He doesn't eat fish.

She rides a bike.

a horse.

= a horse.

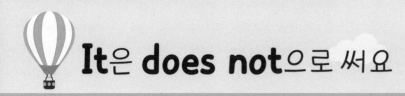

It은 does not으로 써요

It do not   It does not

~~It does not~~ **sleep at night.**

It does not + 동사   '그것은 ~하지 않는다'는 **It does not~**을 써요.

그것은
수영하지 않는다.

It does not swim.

✏️ 문장 정리하기

I, You, We, They일 때
I see the sky. → I do not see the sky. = I don't see the sky.
He, She, It일 때
He sees the sky. → He does not see the sky. = He doesn't see the sky.

Tip! 동사는 원래 모습 그대로 쓰는 것에 주의해요. It has long ears. → It doesn't have long ears.

☑ Check up   그림을 보고 It does not(doesn't)과 함께 쓰세요.

It likes grass.

~~It does not like meat.~~

= ~~It doesn't like meat.~~

It runs fast.

_____ slowly.

= _____ slowly.

01. 알맞은 것을 골라 V 하세요.

1			2		
He	⌐ do not	⌐ does not	**She**	⌐ do not	⌐ does not

3			4		
It	⌐ do not	⌐ does not	**They**	⌐ do not	⌐ does not

02. 그림을 보고 알맞은 것을 골라 문장을 완성하세요.

1 He ⌐ has   ⌐ doesn't have **a ball.**

2 She ⌐ rides   ⌐ doesn't ride **a bike.**

3 It ⌐ jumps   ⌐ doesn't jump **high.**

4 They ⌐ don't drink   ⌐ doesn't drink **coffee.**

5 It ⌐ don't eat   ⌐ doesn't eat **fish.**

03. 주어진 단어를 보고 우리말에 맞게 문장을 쓰세요.

1 eat fish

He does not eat fish.

그는 생선을 먹지 않는다.

2 run fast

_____

그것은 빠르게 달리지 않는다.

3 ride a horse

_____

우리는 말을 타지 않는다.

4 like vegetables

_____

그것들은 야채를 좋아하지 않는다.

5 have legs

_____

그것은 다리가 있지 않다.

6 sleep at night

_____

그것들은 밤에 자지 않는다.

7 wear glasses

_____

그녀는 안경을 쓰지 않는다.

질문은 **Do**를 문장 앞에 써요

Are you	Do you

Do you swim?

Do you / we / they + 동사~?

행동을 물을 때 you, we, they는
<Do you/we/they + 동사~?>로 질문해요.

너는 고양이를
좋아하니?

그들은
TV를 보니?

Do you like cats?	Do they watch TV?

문장
정리하기

Do	주어	동사?
Do	you / we / they	study?

Check up 그림을 보고 Do you 혹은 Do they를 고르고 쓰세요.

You sleep well.
Do you / Do they

Do you sleep well?

They wash a car.
Do you / Do they

a car?

he, she, it은 Does를 문장 앞에 써요

Is he	Does he

Does he **swim?**

Does he/she/it + 동사~?

행동을 물을 때 he, she, it은
<Does he/she/it + 동사~?>로 질문해요.

그는
생선을 먹니?

Does he eat fish?

그것은
빨리 달리니?

Does it run fast?

문장
정리하기

you, we, they일 때	he, she, it일 때
You watch TV. → Do you watch TV?	She watches TV. → Does she watch TV?
Yes, I am. / No, I'm not.	Yes, she is. / No, she isn't.

 그림을 보고 **Does she** 혹은 **Does it**을 고르고 쓰세요.

She cooks well.
Does she / Does it

Does she cook well?

It likes fish.
Does she / Does it

fish?

01. 알맞은 것을 골라 V 하세요.

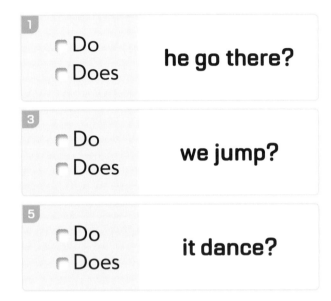

1
☐ Do
☐ Does
he go there?

2
☐ Do
☐ Does
she walk?

3
☐ Do
☐ Does
we jump?

4
☐ Do
☐ Does
they sing?

5
☐ Do
☐ Does
it dance?

6
☐ Do
☐ Does
the bird fly?

02. 알맞은 것을 골라 문장을 완성하세요.

1
Does ☐ It
☐ they have a tail?

2
☐ Is
☐ Does it swim?

3
Do ☐ he
☐ you need a car?

4
☐ Is
☐ Does it a cat?

5
Does ☐ she
☐ they like apples?

6
☐ Are
☐ Do you study hard?

7
Do ☐ It
☐ you read books?

8
☐ Are
☐ Do they in the basket?

03. 주어진 단어를 보고 우리말에 맞게 문장을 쓰세요.

1 play

Do they play tennis?

그들은 테니스를 치니?

2 wash

his hands?

그는 손을 씻니?

3 have

a dog?

너는 개가 있니?

4 eat

bread?

그녀는 빵을 먹니?

5 sleep

late?

그는 늦잠을 자니?

6 like

animals?

너는 동물을 좋아하니?

7 run

fast?

너는 빨리 달리니?

Review

A. 빈칸에 알맞은 말을 고르고 쓰세요.

1. I _____ like vegetables.
   - ☐ do not
   - ☐ does not

2. He _____ ride a bike.
   - ☐ do not
   - ☐ does not

3. They _____ play soccer.
   - ☐ do not
   - ☐ does not

4. She _____ eat eggs.
   - ☐ do not
   - ☐ does not

5. We _____ have a bike.
   - ☐ do not
   - ☐ does not

B. 빈칸에 알맞은 말을 고르고 쓰세요.

1. _____ you sleep well?
   - ☐ Do
   - ☐ Does

2. _____ she cook well?
   - ☐ Do
   - ☐ Does

3. _____ it like fish?
   - ☐ Do
   - ☐ Does

4. _____ they want food?
   - ☐ Do
   - ☐ Does

5. _____ he have a car?
   - ☐ Do
   - ☐ Does

C. 그림을 보고 주어진 단어를 이용해 문장을 쓰세요.(do 또는 does를 꼭 사용하세요.)

1. | It | drink water |
   .

2. | you | watch TV |
   ?

3. | They | live on land |
   .

4. | he | eat cookies |
   ?

D. 주어진 동사를 활용해 문장을 완성하세요. (do 또는 does를 꼭 사용하세요.)

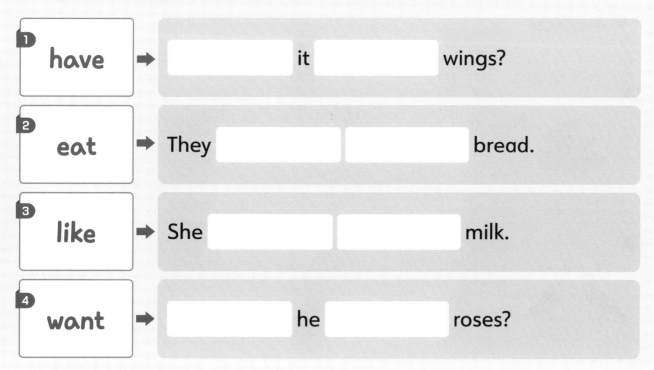

1. **have** → [   ] it [   ] wings?

2. **eat** → They [   ] [   ] bread.

3. **like** → She [   ] [   ] milk.

4. **want** → [   ] he [   ] roses?

E. 그림을 보고 틀린 부분을 고쳐 문장을 다시 쓰세요.

1

| Does | you | have | a pen? |

→ Do you have a pen?

2

| I | doesn't | drive | a car. |

→

3

| She | doesn't | drinks | coffee. |

→

4

| Is | he | like | vegetables? |

→

5

| It | doesn't | has | hands. |

→

6

| Does | birds | have | wings? |

→

영문법 스타터 1

워크북

단어 쓰기 Go, Go!

	단어	우리말
cat		
dog		
bird		
book		

	단어	우리말
ant		
apple		
egg		
umbrella		

문장쓰기 Go, Go!

1. 나는 고양이 한 마리가 있다. ➡ I have

2. 나는 개 한 마리가 있다. ➡

3. 나는 새 한 마리가 있다. ➡

4. 나는 책 한 권이 있다. ➡

5. 나는 개미 한 마리가 있다. ➡

6. 나는 사과 한 개가 있다. ➡

7. 나는 달걀 한 개가 있다. ➡

8. 나는 우산 한 개가 있다. ➡

단어 쓰기 Go, Go!

	단어	우리말
doll		
ball		
wolf		
bag		

	단어	우리말
uncle		
iguana		
orange		
onion		

문장쓰기 Go, Go!

1. 나는 인형들을 좋아한다. ➡ I like

2. 나는 공 하나가 있다. ➡

3. 나는 늑대들을 좋아한다. ➡

4. 나는 가방 한 개가 있다. ➡

5. 나는 삼촌 한 명이 있다. ➡

6. 나는 아구아나들을 좋아한다. ➡

7. 나는 오렌지들을 좋아한다. ➡

8. 나는 양파 한 개가 있다. ➡

혼자 써도 되고
들으면서 써도 돼요!

단어 쓰기 Go, Go!

	단어	우리말			단어	우리말
bear				fox		
chair				bus		
pencil				dish		
cup				tomato		

문장쓰기 Go, Go!

1 나는 곰들을 본다. ➡ I see

2 나는 의자들을 본다. ➡

3 나는 연필들을 본다. ➡

4 나는 컵들을 본다. ➡

5 나는 여우들을 본다. ➡

6 나는 버스들을 본다. ➡

7 나는 그릇들을 본다. ➡

8 나는 토마토들을 본다. ➡

단어 쓰기 Go, Go!

	단어	우리말
cook		
friend		
farmer		
dancer		

	단어	우리말
student		
singer		
his student		
soccer player		

문장쓰기 Go, Go!

1. 나는 요리사이다. ➡ I am

2. 우리는 친구들이다. ➡

3. 너는 농부이다. ➡

4. 나는 댄서이다. ➡

5. 우리는 가수들이다. ➡

6. 너희들은 학생들이다. ➡

7. 너는 그의 학생이다. ➡

8. 우리는 축구 선수들이다. ➡

혼자 써도 되고
들으면서 써도 돼요!

단어 쓰기 Go, Go!

	단어	우리말
boy		
girl		
dad		
mom		

	단어	우리말
man		
woman		
family		
sister		

문장 쓰기 Go, Go!

1 그는 소년이다. ➡ He is

2 그녀는 소녀이다. ➡

3 그는 나의 아빠이다. ➡

4 그녀는 나의 엄마이다. ➡

5 그는 남자이다. ➡

6 그녀는 여자이다. ➡

7 그들은 가족이다. ➡

8 그녀는 내 여동생이다. ➡

단어 쓰기 Go, Go!

	단어	우리말		단어	우리말
hat			brush		
school			men		
tree			women		
fox			rabbit		

문장쓰기 Go, Go!

1	그것은 모자이다.	➡	It is
2	그것은 학교이다.	➡	
3	그것들은 나무들이다.	➡	
4	그것은 여우이다.	➡	
5	그것들은 붓들이다.	➡	
6	그들은 남자들이다.	➡	
7	그들은 여자들이다.	➡	
8	그것은 토끼이다.	➡	

단어 쓰기 Go, Go!

	단어	우리말		단어	우리말
swimmer			queen		
reporter			king		
painter			bus driver		
twins			elemantary school student		

문장쓰기 Go, Go!

1　나는 수영 선수이다.　➡　I am

2　너는 기자이다.　➡

3　우리는 화가이다.　➡

4　우리는 쌍둥이다.　➡

5　나는 여왕이다.　➡

6　너는 왕이다.　➡

7　나는 버스 운전사이다.　➡

8　우리는 초등학생이다.　➡

단어 쓰기 Go, Go!

	단어	우리말
firefighter		
police officer		
my parents		
nurse		

	단어	우리말
scientist		
actor		
uncle		
genius		

문장쓰기 Go, Go!

1 그녀는 소방관이다. ➡ She is

2 그는 경찰관이다. ➡

3 그들은 나의 부모님이다. ➡

4 그는 간호사이다. ➡

5 그녀는 과학자이다. ➡

6 그들은 배우이다. ➡

7 그는 나의 삼촌이다. ➡

8 그녀는 천재이다. ➡

단어 쓰기 Go, Go!

	단어	우리말
turtle		
duck		
eraser		
rose		

	단어	우리말
crayon		
tiger		
toy		
ruler		

문장쓰기 Go, Go!

1. 그것은 거북이다. ➡ It is

2. 그것들은 오리이다. ➡

3. 그것은 지우개이다. ➡

4. 그것들은 장미이다. ➡

5. 그것은 크레용이다. ➡

6. 그것들은 호랑이이다. ➡

7. 그것은 장난감이다. ➡

8. 그것은 자이다. ➡

단어 쓰기 Go, Go!

	단어	우리말
kid		
baby		
pilot		
prince		

	단어	우리말
teacher		
doctor		
your friend		
best friend		

문장쓰기 Go, Go!

1. 나는 아이가 아니다. ➡ I am not

2. 너는 아기가 아니다. ➡

3. 우리는 조종사가 아니다. ➡

4. 나는 왕자가 아니다. ➡

5. 너희들은 선생님이 아니다. ➡

6. 우리는 의사가 아니다. ➡

7. 나는 너의 친구가 아니다. ➡

8. 너는 내 가장 친한 친구가 아니다. ➡

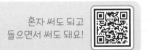

단어 쓰기 Go, Go!

	단어	우리말
baker		
chef		
writer		
waiter		

	단어	우리말
racer		
vet		
robot		
his family		

문장쓰기 Go, Go!

1 그는 제빵사가 아니다. ➡ He is not

2 그녀는 요리사가 아니다. ➡

3 그들은 작가가 아니다. ➡

4 그는 웨이터가 아니다. ➡

5 그녀는 경주 선수가 아니다. ➡

6 그들은 수의사가 아니다. ➡

7 그는 로봇이 아니다. ➡

8 그녀는 그의 가족이 아니다. ➡

단어 쓰기 Go, Go!

	단어	우리말
phone		
shoes		
zebra		
pen		

	단어	우리말
flower		
bike		
bear		
horse		

문장쓰기 Go, Go!

1. 그것은 전화기가 아니다. ➡ It is not

2. 그것들은 신발이 아니다. ➡

3. 그것은 얼룩말이 아니다. ➡

4. 그것은 펜이 아니다. ➡

5. 그것들은 꽃이 아니다. ➡

6. 그것은 자전거가 아니다. ➡

7. 그것들은 곰이 아니다. ➡

8. 그것은 말이 아니다. ➡

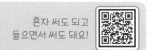

단어 쓰기 Go, Go!

	단어	우리말		단어	우리말
artist			hairdresser		
angry			tennis player		
cute			dentist		
big			her chef		

문장쓰기 Go, Go!

1	너는 예술가이니?	➡	Are you
2	그녀는 화가 났니?	➡	
3	그녀는 귀엽니?	➡	
4	그는 크니?	➡	
5	너는 미용사이니?	➡	
6	너는 테니스 선수이니?	➡	
7	너는 치과의사이니?	➡	
8	너는 그녀의 요리사이니?	➡	

단어 쓰기 Go, Go!

	단어	우리말
melon		
monkey		
penguin		
vegetable		

	단어	우리말
fish		
dolphin		
fruit		
potato		

문장쓰기 Go, Go!

1. 그것은 멜론이니? ➡ Is it

2. 그것들은 원숭이니? ➡

3. 그것은 펭귄이니? ➡

4. 그것들은 야채이니? ➡

5. 그것들은 물고기이니? ➡

6. 그것은 돌고래이니? ➡

7. 그것들은 과일이니? ➡

8. 그것은 감자이니? ➡

단어 쓰기 Go, Go!

	단어	우리말			단어	우리말
box				fan		
guitar				grandmother		
watch				grandfather		
pear				reader		

문장쓰기 Go, Go!

1. 그것은 상자이니? 맞아. ➡ Is it a box? Yes, it is.

2. 그것은 기타이니? 아니야. ➡

3. 그것은 손목시계이니? 맞아. ➡

4. 그것들은 배이니? 아니야. ➡

5. 그것은 선풍기이니? 맞아. ➡

6. 그녀는 네 할머니이니? 맞아. ➡

7. 그는 네 할아버지이니? 아니야. ➡

8. 너는 그의 독자이니? 아니야. ➡

단어 쓰기 Go, Go!

	단어	우리말
walk fast		
run fast		
swim fast		
sing well		

	단어	우리말
cook well		
read books		
eat apples		
drink water		

문장쓰기 Go, Go!

1 나는 빨리 걷는다. ➡ I walk

2 우리는 빨리 달린다. ➡

3 너는 빨리 수영한다. ➡

4 나는 노래를 잘한다. ➡

5 너는 요리를 잘한다. ➡

6 우리는 책을 읽는다. ➡

7 나는 사과를 먹는다. ➡

8 우리는 물을 마신다. ➡

단어 쓰기 Go, Go!

	단어	우리말		단어	우리말
sleep			work at night		
love			buy chocolate		
study			ride a bike		
jump high			make a cake		

문장쓰기 Go, Go!

1	그는 잘 잔다.	➡ He sleeps
2	그들은 초콜릿을 사랑한다.	➡
3	나는 밤에 공부한다.	➡
4	그녀는 높게 점프한다.	➡
5	그녀는 밤에 일한다.	➡
6	그녀는 초콜릿을 산다.	➡
7	그는 자전거를 탄다.	➡
8	우리는 케이크를 만든다.	➡

단어 쓰기 Go, Go!

	단어	우리말		단어	우리말
wash a car			touch a dog		
fix a car			go to school		
watch TV			push the boy		
go on a trip			have a rabbit		

문장쓰기 Go, Go!

1	그는 세차한다(차를 씻는다).	➡ He washes
2	그녀는 차를 고친다.	➡
3	그녀는 TV를 본다.	➡
4	그들은 여행한다.	➡
5	그는 개를 만진다.	➡
6	나는 학교에 간다.	➡
7	그는 그 소년을 민다.	➡
8	그녀는 토끼가 있다.	➡

단어 쓰기 Go, Go!

	단어	우리말
fly		
homework		
fork		
play tennis		

	단어	우리말
like cookies		
want cookies		
play soccer		
live in water		

문장쓰기 Go, Go!

* do not은 don't로 써도 됩니다.

1 그것들은 날지 않는다. ➡ They do not

2 우리는 숙제를 좋아하지 않는다. ➡

3 나는 포크를 가지고 있지 않다. ➡

4 그들은 테니스를 하지 않는다. ➡

5 나는 쿠키를 좋아하지 않는다. ➡

6 너는 쿠키를 원하지 않는다. ➡

7 우리는 축구를 하지 않는다. ➡

8 그것들은 물에 살지 않는다. ➡

단어 쓰기 Go, Go!

	단어	우리말		단어	우리말
like milk			see the sky		
cry			eat meat		
eat bread			walk slowly		
have legs			ride a horse		

문장쓰기 Go, Go!

* does not은 doesn't로 써도 됩니다.

1 그것은 우유를 좋아하지 않는다. ➡ It does not

2 그는 울지 않는다. ➡

3 그녀는 빵을 먹지 않는다. ➡

4 그것은 다리를 갖고 있지 않다. ➡

5 그는 하늘을 보지 않는다. ➡

6 그것은 고기를 먹지 않는다. ➡

7 그는 천천히 걷지 않는다. ➡

8 그녀는 말을 타지 않는다. ➡

141

혼자 써도 되고
들으면서 써도 돼요!

단어 쓰기 Go, Go!

	단어	우리말		단어	우리말
need a car			play baseball		
go there			study hard		
have a tail			your hands		
sleep late			like animals		

문장쓰기 Go, Go!

1 그들은 차가 필요하니? ➡ Do they

2 그녀는 거기에 가니? ➡

3 그것은 꼬리가 있니? ➡

4 그는 늦잠을 자니? ➡

5 너는 야구를 하니? ➡

6 그는 열심히 공부하니? ➡

7 너는 손을 씻니? ➡

8 그녀는 동물을 좋아하니? ➡

본문 정답과
워크북 정답 페이지를
꼭 확인하세요!

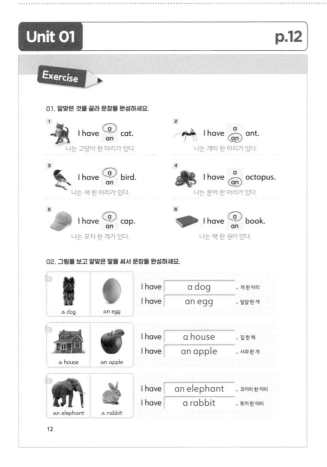

144

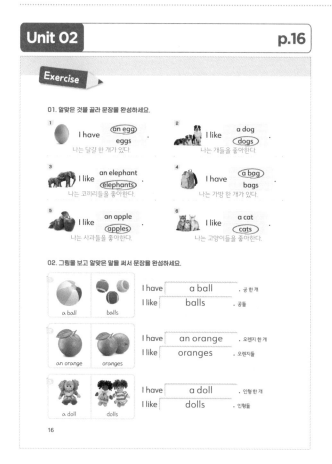

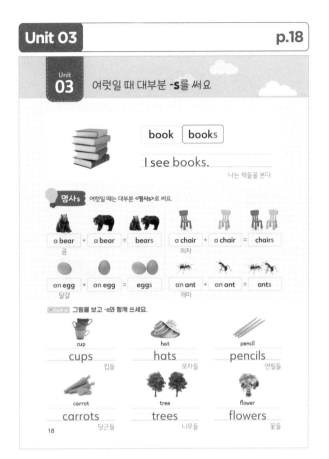

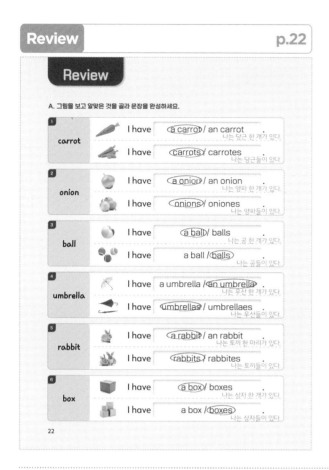

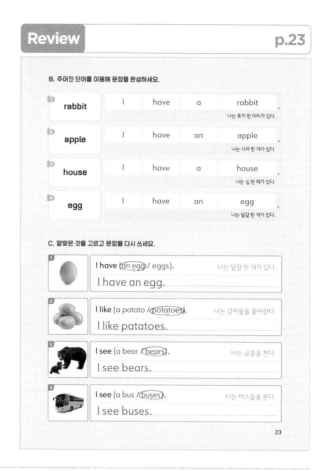

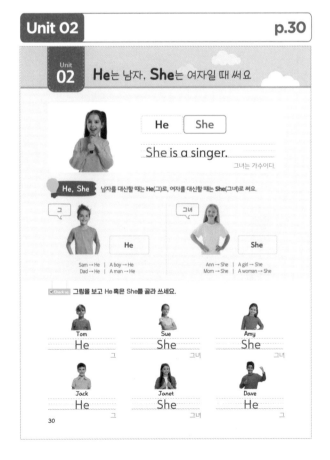

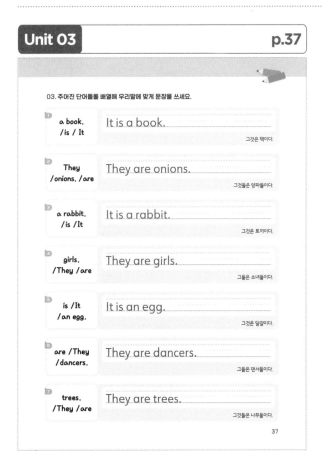

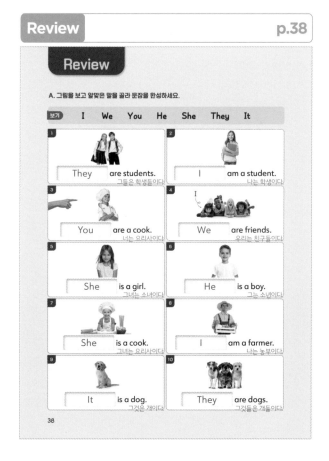

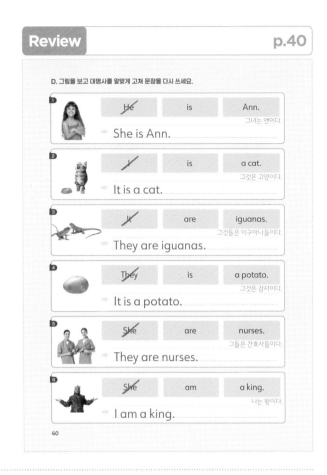

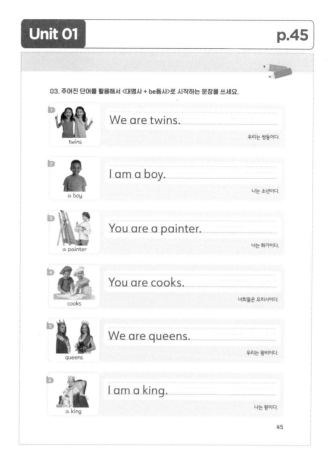

Exercise

01. 알맞은 단어를 골라 V 하세요.

① She ✓is ☐are
② He ✓is ☐are
③ They ☐is ✓are
④ She ✓is ☐are
⑤ I ✓am ☐are
⑥ You ☐is ✓are

02. 그림을 보고 알맞은 말을 골라 문장을 완성하세요.

1 ✓He is ☐She is　Mark. 그는 마크이다.
2 ☐He is ✓They are　swimmers. 그들은 수영 선수이다.
3 ☐He is ✓They are　twins. 그들은 쌍둥이다.
4 ☐He is ✓She is　a nurse. 그녀는 간호사이다.
5 ✓She is ☐They are　a scientist. 그녀는 과학자이다.
6 ☐She is ✓They are　friends. 그들은 친구이다.

48

03. 주어진 단어를 이용해 문장을 쓰세요.

① He / a doctor → He is a doctor. 그는 의사이다.
② She / a genius → She is a genius. 그녀는 천재이다.
③ They / teachers → They are teachers. 그들은 선생님이다.
④ We / family → We are family. 우리는 가족이다.
⑤ You / an actor → You are an actor. 너는 배우이다.

04. 주어진 단어들을 배열해 문장을 쓰고, 알맞은 그림과 연결하세요.

① my dad. / is / He
He is my dad. 그는 나의 아빠이다.

② They / doctors. / are
They are doctors. 그들은 의사이다.

③ is / She / my mom.
She is my mom. 그녀는 나의 엄마이다.

④ is / He / my uncle.
He is my uncle. 그는 나의 삼촌이다.

49

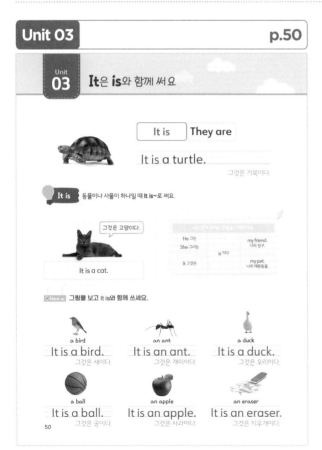

Unit 03 It은 is와 함께 써요

It is　They are

It is a turtle. 그것은 거북이다.

It is 동물이나 사물이 하나일 때 It is~로 써요.

그것은 고양이다.

He 그는 / She 그녀는 / It 그것은　is 이다　my friend. 나의 친구. / my pet. 나의 애완동물.

It is a cat.

Check up 그림을 보고 It is와 함께 쓰세요.

a bird
It is a bird. 그것은 새이다.

an ant
It is an ant. 그것은 개미이다.

a duck
It is a duck. 그것은 오리이다.

a ball
It is a ball. 그것은 공이다.

an apple
It is an apple. 그것은 사과이다.

an eraser
It is an eraser. 그것은 지우개이다.

50

여러 사물이나 동물은 **They are**로 써요

It is　They are

They are rabbits. 그들은 토끼이다.

They are 동물이나 사물이 여럿일 때 They are~로 써요.

그것들은 고양이다.

You 너는 / We 우리는 / They 그들은　are 이다　classmates. 반친구들.

They are cats.

Check up 그림을 보고 They are와 함께 쓰세요.

birds
They are birds. 그것들은 새이다.

ants
They an ants. 그것들은 개미이다.

ducks
They are ducks. 그것들은 오리이다.

balls
They are balls. 그것들은 공이다.

apples
They are apples. 그것들은 사과이다.

erasers
They are erasers. 그것들은 지우개이다.

51

Exercise

01. 알맞는 단어를 골라 V 하세요.

1. It is ☑a potato ☐ potatoes
그것은 감자이다.

2. They are ☐ a bird ☑birds .
그것들은 새이다.

3. It is ☑a ball ☐ balls
그것은 공이다.

4. They are ☐ a rabbit ☑rabbits .
그것들은 토끼이다.

02. 빈칸에 들어갈 알맞은 것을 고르고 쓰세요.

| It | is | a toy. | ☑It is ☐They are |
그것은 장난감이다.
| It | is | a rose. | ☑It is ☐They are |
그것은 장미이다.
| They | are | rulers. | ☐It is ☑They are |
그것들은 자이다.
| It | is | a crayon. | ☑It is ☐They are |
그것은 크레용이다.
| They | are | tigers. | ☐It is ☑They are |
그것들은 호랑이다.

52

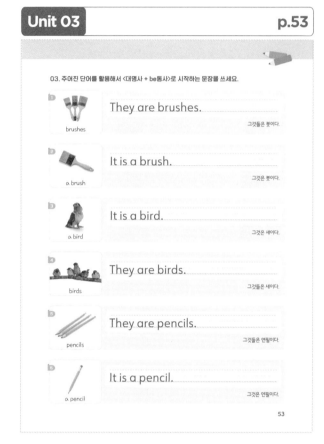

03. 주어진 단어를 활용해서 <대명사 + be동사>로 시작하는 문장을 쓰세요.

brushes — They are brushes.
그것들은 붓이다.

a brush — It is a brush.
그것은 붓이다.

a bird — It is a bird.
그것은 새이다.

birds — They are birds.
그것들은 새이다.

pencils — They are pencils.
그것들은 연필이다.

a pencil — It is a pencil.
그것은 연필이다.

53

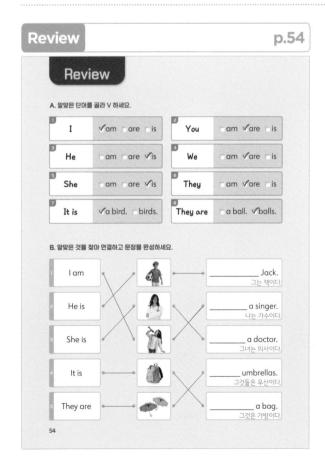

Review

A. 알맞은 단어를 골라 V 하세요.

1. I ☑am ☐are ☐is
2. You ☐am ☑are ☐is
3. He ☐am ☐are ☑is
4. We ☐am ☑are ☐is
5. She ☐am ☐are ☑is
6. They ☐am ☑are ☐is
7. It is ☑a bird. ☐birds.
8. They are ☐a ball. ☑balls.

B. 알맞은 것을 찾아 연결하고 문장을 완성하세요.

I am — _____ Jack.
그는 잭이다.
He is — _____ a singer.
나는 가수이다.
She is — _____ a doctor.
그녀는 의사이다.
It is — _____ umbrellas.
그것은 우산이다.
They are — _____ a bag.
그것은 가방이다.

54

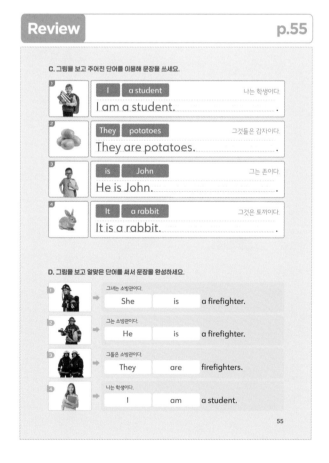

C. 그림을 보고 주어진 단어를 이용해 문장을 쓰세요.

1. I | a student 나는 학생이다.
I am a student.

2. They | potatoes 그것들은 감자이다.
They are potatoes.

3. is | John 그는 존이다.
He is John.

4. It | a rabbit 그것은 토끼이다.
It is a rabbit.

D. 그림을 보고 알맞은 단어를 써서 문장을 완성하세요.

1. 그녀는 소방관이다.
She is a firefighter.

2. 그는 소방관이다.
He is a firefighter.

3. 그들은 소방관이다.
They are firefighters.

4. 나는 학생이다.
I am a student.

55

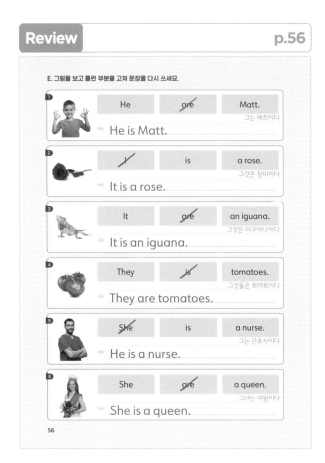

E. 그림을 보고 틀린 부분을 고쳐 문장을 다시 쓰세요.

1. He ~~are~~ Matt.
그는 매트이다.
→ He is Matt.

2. ~~It~~ is a rose.
그것은 장미이다.
→ It is a rose.

3. It ~~are~~ an iguana.
그것은 이구아나이다.
→ It is an iguana.

4. They ~~is~~ tomatoes.
그것들은 토마토이다.
→ They are tomatoes.

5. ~~She~~ is a nurse.
그는 간호사이다.
→ He is a nurse.

6. She ~~are~~ a queen.
그녀는 여왕이다.
→ She is a queen.

56

Unit 01 아닐 때는 **I am not**으로 써요

I am [I am not]

I am not a girl.
나는 소녀가 아니다.

I am not 나는 ~가 아니다라고 말할 때 I am not~으로 써요

나는 꼬마이다.
I am a kid.

나는 꼬마가 아니다.
I am not a kid.

Check up 그림을 보고 I am not과 함께 쓰세요.

I am a cook. 나는 요리사이다
I am not a dancer.
나는 댄서가 아니다.
I am not a singer.
나는 가수가 아니다.

I am a student. 나는 학생이다.
I am not a teacher.
나는 선생님이 아니다.
I am not a girl.
나는 소녀가 아니다.

58

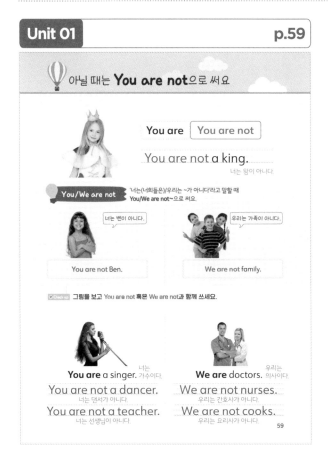

아닐 때는 **You are not**으로 써요

You are [You are not]

You are not a king.
너는 왕이 아니다.

You/We are not '너는(너희들은)/우리는 ~가 아니다'라고 말할 때 You/We are not~으로 써요.

너는 벤이 아니다.
You are not Ben.

우리는 가족이 아니다.
We are not family.

Check up 그림을 보고 You are not 혹은 We are not과 함께 쓰세요.

You are a singer. 너는 가수이다.
You are not a dancer.
너는 댄서가 아니다.
You are not a teacher.
너는 선생님이 아니다.

We are doctors. 우리는 의사이다.
We are not nurses.
우리는 간호사가 아니다.
We are not cooks.
우리는 요리사가 아니다.

59

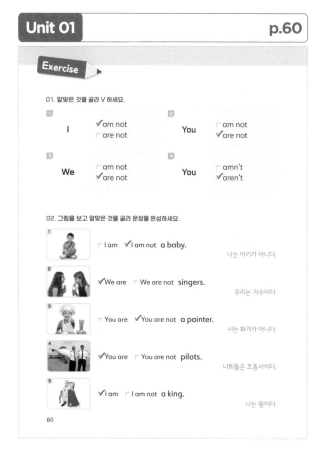

Exercise

01. 알맞은 것을 골라 V 하세요.

1. I
☑ am not
☐ are not

2. You
☐ am not
☑ are not

3. We
☐ am not
☑ are not

4. You
☐ amn't
☑ aren't

02. 그림을 보고 알맞은 것을 골라 문장을 완성하세요.

1. ☐ I am ☑ I am not a baby.
나는 아기가 아니다.

2. ☑ We are ☐ We are not singers.
우리는 가수이다.

3. ☐ You are ☑ You are not a painter.
너는 화가가 아니다.

4. ☑ You are ☐ You are not pilots.
너희들은 조종사이다.

5. ☑ I am ☐ I am not a king.
나는 왕이다.

60

155

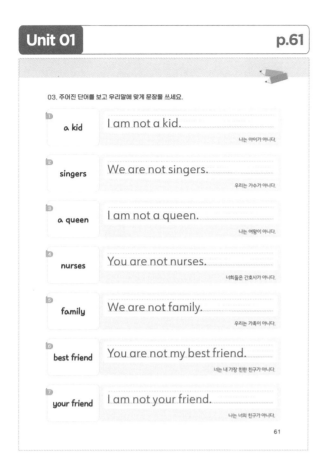

03. 주어진 단어를 보고 우리말에 맞게 문장을 쓰세요.

1. a kid — I am not a kid.
나는 아이가 아니다.

2. singers — We are not singers.
우리는 가수가 아니다.

3. a queen — I am not a queen.
나는 여왕이 아니다.

4. nurses — You are not nurses.
너희들은 간호사가 아니다.

5. family — We are not family.
우리는 가족이 아니다.

6. best friend — You are not my best friend.
너는 내 가장 친한 친구가 아니다.

7. your friend — I am not your friend.
나는 너의 친구가 아니다.

61

Unit 02 아닐 때는 **He/She is not**으로 써요

He is not | She is not

She is not a farmer.
그녀는 농부가 아니다.

He/She is not '그/그녀는 ~가 아니다'라고 말할 때 He/She is not~으로 써요

그는 제빵사가 아니다.
He is not a baker.

그녀는 아기가 아니다.
She is not a baby.

✔Check up 그림을 보고 He is not 혹은 She is not과 함께 쓰세요.

그는 **He is** a teacher. 선생님이다.
He is not a pilot.
그는 조종사가 아니다.
He is not a student.
그는 학생이 아니다.

그녀는 **She is** a firefighter. 소방관이다.
She is not a scientist.
그녀는 과학자가 아니다.
She is not a teacher.
그녀는 선생님이 아니다.

62

아닐 때는 **They are not**으로 써요

They are | They are not

They are not chefs.
그들은 요리사가 아니다.

They are not '그들은 ~가 아니다'라고 말할 때 They are not~으로 써요

그들은 작가가 아니다.
They are not writers.

He She It	is not 아니다	We You They	are not 아니다

✔Check up 그림을 보고 They are not과 함께 쓰세요.

그들은 과학자이다. **They are** scientists.
They are not pilots.
그들은 조종사가 아니다.
They are not farmers.
그들은 농부가 아니다.

그들은 기자이다. **They are** reporters.
They are not waiters.
그들은 웨이터가 아니다.
They are not actors.
그들은 배우가 아니다.

63

Exercise

01. 알맞은 것을 골라 V 하세요.

1. She — ✔is not / are not
2. He — ✔is not / are not
3. They — is not / ✔are not
4. We — is not / ✔are not

02. 그림을 보고 알맞은 것을 골라 문장을 완성하세요.

1. ✔He is / He is not a farmer.
그는 농부이다.

2. They are / ✔They are not scientists.
그들은 과학자가 아니다.

3. She is / ✔She is not a vet.
그녀는 수의사가 아니다.

4. ✔They are / They are not police officers.
그들은 경찰관이다.

5. ✔He is not / She is not a racer.
그는 경주 선수가 아니다.

64

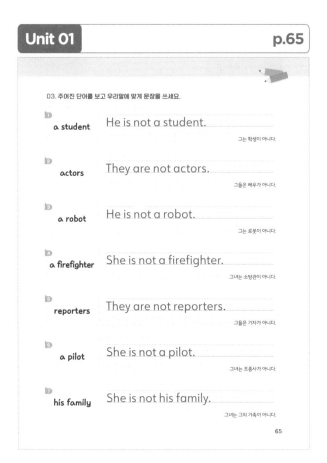

03. 주어진 단어를 보고 우리말에 맞게 문장을 쓰세요.

1 a student　He is not a student.
그는 학생이 아니다.

2 actors　They are not actors.
그들은 배우가 아니다.

3 a robot　He is not a robot.
그는 로봇이 아니다.

4 a firefighter　She is not a firefighter.
그녀는 소방관이 아니다.

5 reporters　They are not reporters.
그들은 기자가 아니다.

6 a pilot　She is not a pilot.
그녀는 조종사가 아니다.

7 his family　She is not his family.
그녀는 그의 가족이 아니다.

65

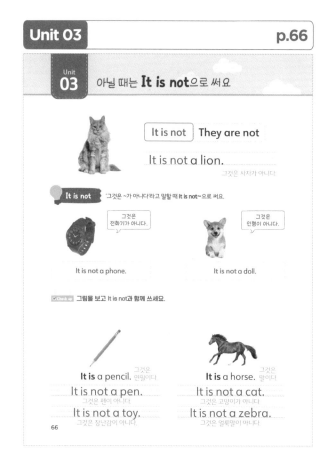

Unit 03 아닐 때는 **It is not**으로 써요

It is not　They are not

It is not a lion.
그것은 사자가 아니다.

It is not '그것은 ~가 아니다'라고 말할 때 it is not~으로 써요.

그것은 전화기가 아니다.
It is not a phone.

그것은 인형이 아니다.
It is not a doll.

Check up 그림을 보고 It is not과 함께 쓰세요.

It is a pencil. 그것은 연필이다
It is not a pen.
그것은 펜이 아니다
It is not a toy.
그것은 장난감이 아니다

It is a horse. 그것은 말이다
It is not a cat.
그것은 고양이가 아니다
It is not a zebra.
그것은 얼룩말이 아니다

66

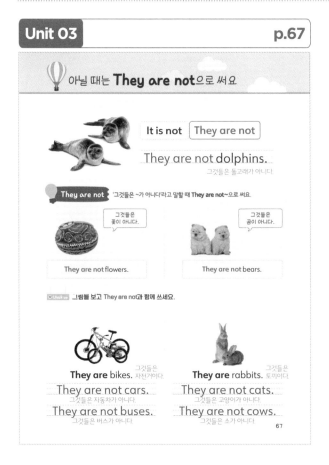

아닐 때는 **They are not**으로 써요

It is not　They are not

They are not dolphins.
그것들은 돌고래가 아니다.

They are not '그것들은 ~가 아니다'라고 말할 때 They are not~으로 써요.

그것들은 꽃이 아니다.
They are not flowers.

그것들은 곰이 아니다.
They are not bears.

Check up 그림을 보고 They are not과 함께 쓰세요.

They are bikes. 그것들은 자전거이다
They are not cars.
그것들은 자동차가 아니다
They are not buses.
그것들은 버스가 아니다

They are rabbits. 그것들은 토끼이다
They are not cats.
그것들은 고양이가 아니다
They are not cows.
그것들은 소가 아니다

67

Exercise

01. 알맞은 것을 골라 V 하세요.

1 ☑It is ☐It is not a lion.
그것은 사자이다.

2 ☐They are ☑They are not bikes.
그것들은 자전거가 아니다.

3 ☐It is ☑It is not a pencil.
그것은 연필이 아니다.

02. 빈칸에 들어갈 알맞은 것을 고르고 쓰세요.

It	is	not	a watch.	☑It is not ☐They are not

그것은 손목시계가 아니다.

They	are	not	brushes.	☐It is not ☑They are not

그것들은 붓이 아니다.

They	are	not	rabbits.	☐It is not ☑They are not

그것들은 토끼가 아니다.

It	is	not	a pig.	☑It is not ☐They are not

그것은 돼지가 아니다.

They	are	not	erasers.	☐It is not ☑They are not

그것들은 지우개가 아니다.

68

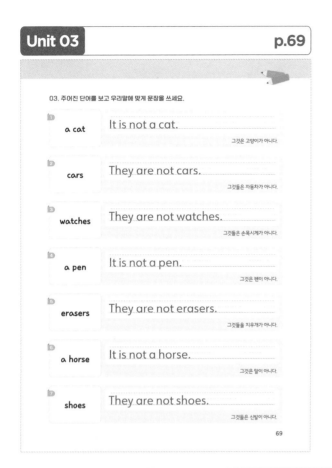

158

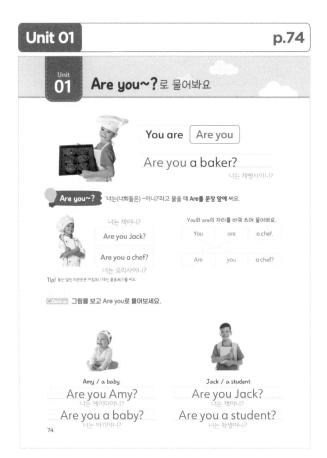

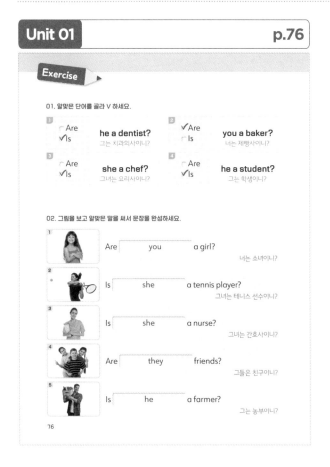

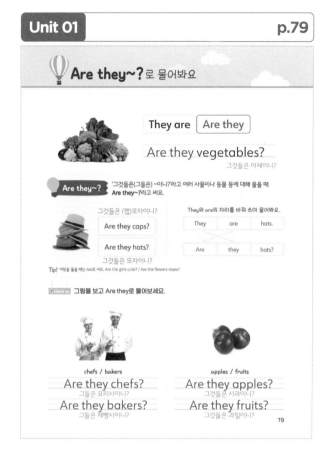

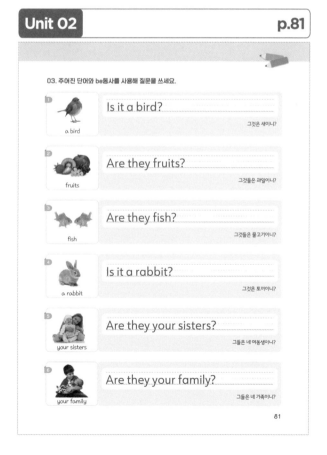

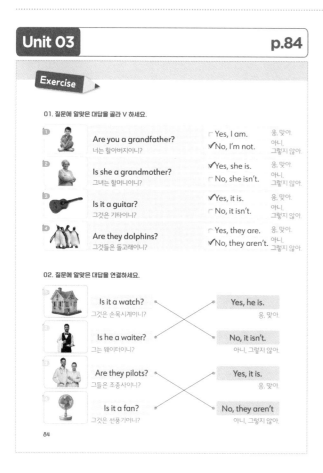

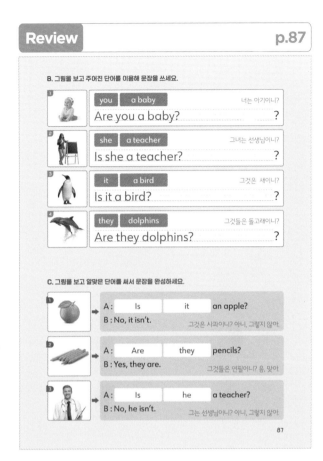

163

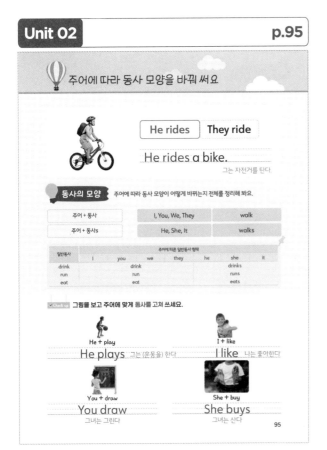

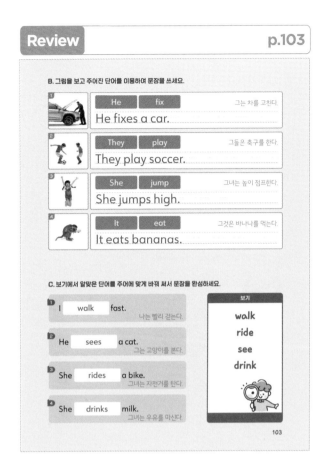

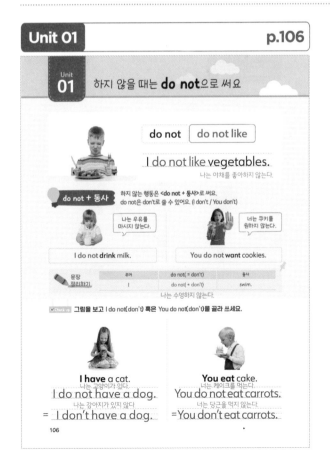

166

01. 알맞은 것을 골라 V 하세요.

- a) □ run ☑ do not run
- b) ☑ like □ do not like
- c) □ eat ☑ don't eat
- d) ☑ drink □ don't drink

02. 그림을 보고 알맞은 것을 골라 문장을 완성하세요.

1. □ I play ☑ I do not play soccer.
   나는 축구를 하지 않는다.
2. ☑ We sing □ We don't sing well.
   우리는 노래를 잘한다.
3. □ They eat ☑ They do not eat broccoli.
   그들은 브로콜리를 먹지 않는다.
4. □ You have ☑ You don't have a fork.
   너는 포크를 가지고 있지 않다.
5. □ I like ☑ I don't like homework.
   나는 숙제를 좋아하지 않는다.

108

03. 주어진 단어를 보고 우리말에 맞게 문장을 쓰세요.   *do not은 don't로 써도 됩니다.

- a) like cookies — I do not like cookies.
  나는 쿠키를 좋아하지 않는다.
- b) eat cake — They do not eat cake.
  그들은 케이크를 먹지 않는다.
- c) swim — We do not swim.
  우리는 수영하지 않는다.
- d) live on land — They do not live on land.
  그것들은 육지에 살지 않는다.
- e) have a dog — I do not have a dog.
  나는 개가 있지 않다.
- f) read books — You do not read books.
  너는 책을 읽지 않는다.
- g) drink coffee — They do not drink coffee.
  그들은 커피를 마시지 않는다.

109

Unit 02 **He, She**는 **does not**으로 써요

She do not → **She does not**

She does not like milk.
그녀는 우유를 마시지 않는다.

He/She does not + 동사   그/그녀가 하지 않는 행동은 does not 다음에 동사를 그대로 써야 해요. does not은 doesn't로 쓸 수 있어요.

그는 울지 않는다.
He does not **cry**.

그녀는 요리하지 않는다.
She does not **cook**.

Tip! 동사는 원래 모습 그대로 쓰는 것에 주의해요. He likes milk. → He doesn't like milk.

☑ Check up 그림을 보고 He does not(doesn't) 혹은 She does not(doesn't)과 함께 쓰세요.

He eats bread.
그는 빵을 먹는다.
He does not eat fish.
그는 생선을 먹지 않는다.
= He doesn't eat fish.

She rides a bike.
그녀는 자전거를 탄다.
She does not ride a horse.
그녀는 말을 타지 않는다.
= She doesn't ride a horse.

110

It은 **does not**으로 써요

It do not → **It does not**

It does not sleep at night.
그것은 밤에 잠을 자지 않는다.

It does not + 동사   '그것은 ~하지 않는다'는 It does not~을 써요.

그것은 수영하지 않는다.
It does not **swim**.

📝 문장 정리하기

I, You, We, They일 때
I see the sky.
→ I do not see the sky. = I don't see the sky.

나는 하늘을 본다.
→ 나는 하늘을 보지 않는다.

He, She, It일 때
He sees the sky.
→ He does not see the sky. = He doesn't see the sky.

그는 하늘을 본다.
→ 그는 하늘을 보지 않는다.

Tip! 동사는 원래 모습 그대로 쓰는 것에 주의해요. It has long ears. → It doesn't have long ears.

☑ Check up 그림을 보고 It does not(doesn't)과 함께 쓰세요.

It likes grass.
그것은 풀을 좋아한다.
It does not like meat.
그것은 고기를 좋아하지 않는다.
= It doesn't like meat.

It runs fast.
그것은 빨리 달린다.
It does not run slowly.
그것은 천천히 달리지 않는다.
= It doesn't run slowly.

111

167

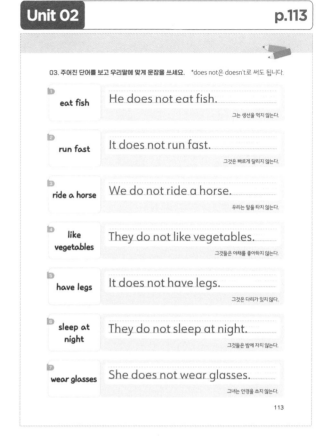

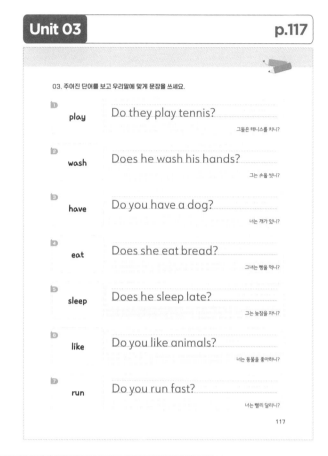

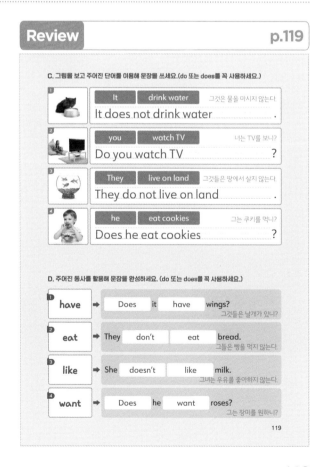

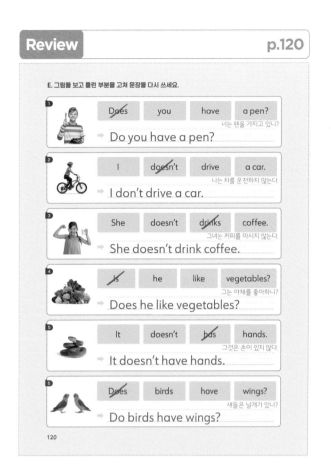

Workbook | Part 2 - 01   p.125

단어 쓰기 Go, Go!

단어		우리말	단어		우리말
cook	cook	요리사	student	student	학생
friend	friend	친구	singer	singer	가수
farmer	farmer	농부	his student	his student	그의 학생
dancer	dancer	댄서	soccer player	soccer player	축구 선수

문장 쓰기 Go, Go!

1. 나는 요리사이다. ➡ I am a cook.
2. 우리는 친구들이다. ➡ We are friends.
3. 너는 농부이다. ➡ You are a farmer.
4. 나는 댄서이다. ➡ I am a dancer.
5. 우리는 가수들이다. ➡ We are singers.
6. 너희들은 학생들이다. ➡ You are students.
7. 너는 그의 학생이다. ➡ You are his student.
8. 우리는 축구 선수들이다. ➡ We are soccer players.

125

Workbook | Part 2 - 02   p.126

단어 쓰기 Go, Go!

단어		우리말	단어		우리말
boy	boy	소년	man	man	남자
girl	girl	소녀	woman	woman	여자
dad	dad	아빠	family	family	가족
mom	mom	엄마	sister	sister	여동생

문장 쓰기 Go, Go!

1. 그는 소년이다. ➡ He is a boy.
2. 그녀는 소녀이다. ➡ She is a girl.
3. 그는 나의 아빠이다. ➡ He is my dad.
4. 그녀는 나의 엄마이다. ➡ She is my mom.
5. 그는 남자이다. ➡ He is a man.
6. 그녀는 여자이다. ➡ She is a woman.
7. 그들은 가족이다. ➡ They are family.
8. 그녀는 내 여동생이다. ➡ She is my sister.

126

Workbook | Part 2 - 03   p.127

단어 쓰기 Go, Go!

단어		우리말	단어		우리말
hat	hat	모자	brush	brush	붓
school	school	학교	men	men	남자들
tree	tree	나무	women	women	여자들
fox	fox	여우	rabbit	rabbit	토끼

문장 쓰기 Go, Go!

1. 그것은 모자이다. ➡ It is a hat.
2. 그것은 학교이다. ➡ It is a school.
3. 그것들은 나무들이다. ➡ They are trees.
4. 그것은 여우이다. ➡ It is a fox.
5. 그것들은 붓들이다. ➡ They are brushes.
6. 그들은 남자들이다. ➡ They are men.
7. 그들은 여자들이다. ➡ They are women.
8. 그것은 토끼이다. ➡ It is a rabbit.

127

Workbook | Part 3 - 01   p.128

단어 쓰기 Go, Go!

단어		우리말	단어		우리말
swimmer	swimmer	수영 선수	queen	queen	여왕
reporter	reporter	기자	king	king	왕
painter	painter	화가	bus driver	bus driver	버스 운전사
twins	twins	쌍둥이	elementary school student	elementary school student	초등학생

문장 쓰기 Go, Go!

1. 나는 수영 선수이다. ➡ I am a swimmer.
2. 너는 기자이다. ➡ You are a reporter.
3. 우리는 화가이다. ➡ We are painters.
4. 우리는 쌍둥이다. ➡ We are twins.
5. 나는 여왕이다. ➡ I am a queen.
6. 너는 왕이다. ➡ You are a king.
7. 나는 버스 운전사이다. ➡ I am a bus driver.
8. 우리는 초등학생이다. ➡ We are elementary school students.

128

171

Part 3 Unit 02

단어 쓰기 Go, Go!

단어		우리말		단어		우리말
firefighter	firefighter	소방관	scientist	scientist	과학자
police officer	police officer	경찰관	actor	actor	배우
my parents	my parents	나의 부모님	uncle	uncle	삼촌
nurse	nurse	간호사	genius	genius	천재

문장쓰기 Go, Go!

1. 그녀는 소방관이다. ➡ She is a firefighter.
2. 그는 경찰관이다. ➡ He is a police officer.
3. 그들은 나의 부모님이다. ➡ They are my parents.
4. 그는 간호사이다. ➡ He is a nurse.
5. 그녀는 과학자이다. ➡ She is a scientist.
6. 그들은 배우이다. ➡ They are actors.
7. 그는 나의 삼촌이다. ➡ He is my uncle.
8. 그녀는 천재이다. ➡ She is a genius.

129

Part 3 Unit 03

단어 쓰기 Go, Go!

단어		우리말		단어		우리말
turtle	turtle	거북이	crayon	crayon	크래용
duck	duck	오리	tiger	tiger	호랑이
eraser	eraser	지우개	toy	toy	장난감
rose	rose	장미	ruler	ruler	자

문장쓰기 Go, Go!

1. 그것은 거북이다. ➡ It is a turtle.
2. 그것들은 오리이다. ➡ They are ducks.
3. 그것은 지우개이다. ➡ It is an eraser.
4. 그것들은 장미이다. ➡ They are roses.
5. 그것은 크래용이다. ➡ It is a crayon.
6. 그것들은 호랑이이다. ➡ They are tigers.
7. 그것은 장난감이다. ➡ It is a toy.
8. 그것은 자이다. ➡ It is a ruler.

130

Part 4 Unit 01

단어 쓰기 Go, Go!

단어		우리말		단어		우리말
kid	kid	어린이	teacher	teacher	선생님
baby	baby	아기	doctor	doctor	의사
pilot	pilot	조종사	your friend	your friend	너의 친구
prince	prince	왕자	best friend	best friend	친한 친구

문장쓰기 Go, Go!

1. 나는 어린이가 아니다. ➡ I am not a kid.
2. 너는 아기가 아니다. ➡ You are not a baby.
3. 우리는 조종사가 아니다. ➡ We are not pilots.
4. 나는 왕자가 아니다. ➡ I am not a prince.
5. 너희들은 선생님이 아니다. ➡ You are not teachers.
6. 우리는 의사가 아니다. ➡ We are not doctors.
7. 나는 너의 친구가 아니다. ➡ I am not your friend.
8. 나는 내 가장 친한 친구가 아니다. ➡ You are not my best friend.

131

Part 4 Unit 02

단어 쓰기 Go, Go!

단어		우리말		단어		우리말
baker	baker	제빵사	racer	racer	경주 선수
chef	chef	요리사	vet	vet	수의사
writer	writer	작가	robot	robot	로봇
waiter	waiter	웨이터	his family	his family	그의 가족

문장쓰기 Go, Go!

1. 그는 제빵사가 아니다. ➡ He is not a baker.
2. 그녀는 요리사가 아니다. ➡ She is not a chef.
3. 그들은 작가가 아니다. ➡ They are not writers.
4. 그는 웨이터가 아니다. ➡ He is not a waiter.
5. 그녀는 경주 선수가 아니다. ➡ She is not a racer.
6. 그들은 수의사가 아니다. ➡ They are not vets.
7. 그는 로봇이 아니다. ➡ He is not a robot.
8. 그녀는 그의 가족이 아니다. ➡ She is not his family.

132

172

Part 4　Unit 03

혼자 써도 모고
큐코드에서 써도 돼요!

단어 쓰기 Go, Go!

단어		우리말		단어		우리말
phone	phone	전화기		flower	flower	꽃
shoes	shoes	신발		bike	bike	자전거
zebra	zebra	얼룩말		bear	bear	곰
pen	pen	펜		horse	horse	말

문장쓰기 Go, Go!

1	그것은 전화기가 아니다.	➡	It is not a phone.
2	그것들은 신발이 아니다.	➡	They are not shoes.
3	그것은 얼룩말이 아니다.	➡	It is not a zebra.
4	그것은 펜이 아니다.	➡	It is not a pen.
5	그것들은 꽃이 아니다.	➡	They are not flowers.
6	그것은 자전거가 아니다.	➡	It is not a bike.
7	그것들은 곰이 아니다.	➡	They are not bears.
8	그것은 말이 아니다.	➡	It is not a horse.

133

Part 5　Unit 01

혼자 써도 모고
큐코드에서 써도 돼요!

단어 쓰기 Go, Go!

단어		우리말		단어		우리말
artist	artist	예술가		hairdresser	hairdresser	미용사
angry	angry	화난		tennis player	tennis player	테니스 선수
cute	cute	귀여운		dentist	dentist	치과의사
big	big	큰		her chef	her chef	그녀의 요리사

문장쓰기 Go, Go!

1	너는 예술가이니?	➡	Are you an artist?
2	그녀는 화가 났니?	➡	Is she angry?
3	그녀는 귀엽니?	➡	Is she cute?
4	그는 크니?	➡	Is he big?
5	너는 미용사이니?	➡	Are you a hairdresser?
6	너는 테니스 선수이니?	➡	Are you a tennis player?
7	너는 치과의사이니?	➡	Are you a dentist?
8	너는 그녀의 요리사이니?	➡	Are you her chef?

134

Part 5　Unit 02

혼자 써도 모고
큐코드에서 써도 돼요!

단어 쓰기 Go, Go!

단어		우리말		단어		우리말
melon	melon	멜론		fish	fish	물고기
monkey	monkey	원숭이		dolphin	dolphin	돌고래
penguin	penguin	펭귄		fruit	fruit	과일
vegetable	vegetable	야채		potato	potato	감자

문장쓰기 Go, Go!

1	그것은 멜론이니?	➡	Is it a melon?
2	그것들은 원숭이니?	➡	Are they monkeys?
3	그것은 펭귄이니?	➡	Is it a penguin?
4	그것들은 야채이니?	➡	Are they vegetables?
5	그것들은 물고기이니?	➡	Are they fish?
6	그것은 돌고래이니?	➡	Is it a dolphin?
7	그것들은 과일이니?	➡	Are they fruits?
8	그것은 감자이니?	➡	Is it a potato?

135

Part 5　Unit 03

혼자 써도 모고
큐코드에서 써도 돼요!

단어 쓰기 Go, Go!

단어		우리말		단어		우리말
box	box	상자		fan	fan	선풍기
guitar	guitar	기타		grandmother	grandmother	할머니
watch	watch	손목시계		grandfather	grandfather	할아버지
pear	pear	배		reader	reader	독자

문장쓰기 Go, Go!

1	그것은 상자이니? 맞아.	➡	Is it a box? Yes, it is.
2	그것은 기타이니? 아니야.	➡	Is it a guitar? No, it isn't.
3	그것은 손목시계이니? 맞아.	➡	Is it a watch? Yes, it is.
4	그것들은 배이니? 아니야.	➡	Are they pears? No, they aren't.
5	그것은 선풍기이니? 맞아.	➡	Is it a fan? Yes, it is.
6	그녀는 네 할머니이니? 맞아.	➡	Is she your grandmother? Yes, she is.
7	그는 네 할아버지이니? 아니야.	➡	Is he your grandfather? No, he isn't.
8	너는 그의 독자이니? 아니야.	➡	Are you his reader? No, I am not.

136

173

Part 6 Unit 01

단어 쓰기 Go, Go!

단어		우리말	단어		우리말
walk fast	walk fast	빨리 걷다	cook well	cook well	요리를 잘하다
run fast	run fast	빨리 달리다	read books	read books	책을 읽다
swim fast	swim fast	빨리 수영하다	eat apples	eat apples	사과를 먹다
sing well	sing well	노래를 잘하다	drink water	drink water	물을 마시다

문장쓰기 Go, Go!

1. 나는 빨리 걷는다. ➡ I walk fast.
2. 우리는 빨리 달린다. ➡ We run fast.
3. 너는 빨리 수영한다. ➡ You swim fast.
4. 나는 노래를 잘한다. ➡ I sing well.
5. 너는 요리를 잘한다. ➡ You cook well.
6. 우리는 책을 읽는다. ➡ We read books.
7. 나는 사과를 먹는다. ➡ I eat apples.
8. 우리는 물을 마신다. ➡ We drink water.

137

Part 6 Unit 02

단어 쓰기 Go, Go!

단어		우리말	단어		우리말
sleep	sleep	자다	work at night	work at night	밤에 일하다
love	love	사랑하다	buy chocolate	buy chocolate	초콜릿을 사다
study	study	공부하다	ride a bike	ride a bike	자전거를 타다
jump high	jump high	높이 점프하다	make a cake	make a cake	케이크를 만들다

문장쓰기 Go, Go!

1. 그는 잘 잔다. ➡ He sleeps well.
2. 그들은 초콜릿을 사랑한다. ➡ They love chocolate.
3. 나는 밤에 공부한다. ➡ I study at night.
4. 그녀는 높게 점프한다. ➡ She jumps high.
5. 그녀는 밤에 일한다. ➡ She works at night.
6. 그녀는 초콜릿을 산다. ➡ She buys chocolate.
7. 그는 자전거를 탄다. ➡ He rides a bike.
8. 우리는 케이크를 만든다. ➡ We make a cake.

138

Part 6 Unit 03

단어 쓰기 Go, Go!

단어		우리말	단어		우리말
wash a car	wash a car	세차하다	touch a dog	touch a dog	개를 만지다
fix a car	fix a car	차를 고치다	go to school	go to school	학교에 가다
watch TV	watch TV	TV를 보다	push the boy	push the boy	소년을 밀다
go on a trip	go on a trip	여행하다	have a rabbit	have a rabbit	토끼가 있다

문장쓰기 Go, Go!

1. 그는 세차한다(차를 씻는다). ➡ He washes a car.
2. 그녀는 차를 고친다. ➡ She fixes a car.
3. 그녀는 TV를 본다. ➡ She watches TV.
4. 그들은 여행한다. ➡ They go on a trip.
5. 그는 개를 만진다. ➡ He touches a dog.
6. 나는 학교에 간다. ➡ I go to school.
7. 그는 그 소년을 민다. ➡ He pushes the boy.
8. 그녀는 토끼가 있다. ➡ She has a rabbit.

139

Part 7 Unit 01

단어 쓰기 Go, Go!

단어		우리말	단어		우리말
fly	fly	날다	like cookies	like cookies	쿠키를 좋아하다
homework	homework	숙제	want cookies	want cookies	쿠키를 원하다
fork	fork	포크	play soccer	play soccer	축구를 하다
play tennis	play tennis	테니스를 하다	live in water	live in water	물에 살다

문장쓰기 Go, Go!   * do not은 don't로 써도 됩니다.

1. 그것들은 날지 않는다. ➡ They do not fly.
2. 우리는 숙제를 좋아하지 않는다. ➡ We do not like homework.
3. 나는 포크를 가지고 있지 않다. ➡ I do not have a fork.
4. 그들은 테니스를 하지 않는다. ➡ They do not play tennis.
5. 나는 쿠키를 좋아하지 않는다. ➡ I do not like cookies.
6. 너는 쿠키를 원하지 않는다. ➡ You do not want cookies.
7. 우리는 축구를 하지 않는다. ➡ We do not play soccer.
8. 그것들은 물에 살지 않는다. ➡ They do not live in water.

140

174

Part 7 Unit 02

단어 쓰기 Go, Go!

단어		우리말	단어		우리말
like milk	like milk	우유를 좋아하다	see the sky	see the sky	하늘을 보다
cry	cry	울다	eat meat	eat meat	고기를 먹다
eat bread	eat bread	빵을 먹다	walk slowly	walk slowly	천천히 걷다
have legs	have legs	다리가 있다	ride a horse	ride a horse	말을 타다

문장쓰기 Go, Go!   * does not은 doesn't로 써도 됩니다.

1	그것은 우유를 좋아하지 않는다.	→	It does not like milk.
2	그는 울지 않는다.	→	He does not cry.
3	그녀는 빵을 먹지 않는다.	→	She does not eat bread.
4	그것은 다리를 갖고 있지 않다.	→	It does not have legs.
5	그는 하늘을 보지 않는다.	→	He does not see the sky.
6	그것은 고기를 먹지 않는다.	→	It does not eat meat.
7	그는 천천히 걷지 않는다.	→	He does not walk slowly.
8	그녀는 말을 타지 않는다.	→	She does not ride a horse.

141

Part 7 Unit 03

단어 쓰기 Go, Go!

단어		우리말	단어		우리말
need a car	need a car	차가 필요하다	play baseball	play baseball	야구를 하다
go there	go there	거기에 가다	study hard	study hard	열심히 공부하다
have a tail	have a tail	꼬리가 있다	your hands	your hands	너의 손
sleep late	sleep late	늦잠을 자다	like animals	like animals	동물을 좋아하다

문장쓰기 Go, Go!

1	그들은 차가 필요하니?	→	Do they need a car?
2	그녀는 거기에 가니?	→	Does she go there?
3	그것은 꼬리가 있니?	→	Does it have a tail?
4	그는 늦잠을 자니?	→	Does he sleep late?
5	너는 야구를 하니?	→	Do you play baseball?
6	그는 열심히 공부하니?	→	Does he study hard?
7	너는 손을 씻니?	→	Do you wash your hands?
8	그녀는 동물을 좋아하니?	→	Does she like animals?

142

'공부 습관'이야말로 가장 큰 재능입니다.
재능많은영어연구소는 최고의 학습 효과를 내는
최적의 학습 플랜을 고민합니다.

소장 **윤미영**

경희대학교 영문학과와 같은 대학에서 석사학위를 받았습니다. 20여 년 동안 지학사, 디딤돌, 키 영어학습방법연구소, 롱테일 교육연구소에서 초등생과 중고생을 위한 영어 교재를 기획하고 만드는 일을 해 왔습니다. 베스트셀러인《문법이 쓰기다》,《단어가 읽기다》,《구문이 독해다》, 혼공 시리즈《혼공 초등 영단어》,《혼공 초등 영문법》, 바빠시리즈의《바빠 초등 필수 영단어》등을 집필했습니다.

초등영어 쓰기독립 영문법 스타터 1

1판 1쇄 발행일 2024년 9월 23일

지은이 재능많은영어연구소

발행인 김학원
발행처 휴먼어린이
출판등록 제313-2006-000161호(2006년 7월 31일)
주소 (03991) 서울시 마포구 동교로23길 76(연남동)
전화 02-335-4422 **팩스** 02-334-3427
저자·독자 서비스 humanist@humanistbooks.com
홈페이지 www.humanistbooks.com
유튜브 youtube.com/user/humanistma **포스트** post.naver.com/hmcv
페이스북 facebook.com/hmcv2001 **인스타그램** @human_kids

편집주간 황서현 **편집** 이서현 김혜정 **원어민 검토** Sherwood Choe
표지 디자인 유주현 **본문 디자인** PRISM C **음원 제작** 109Sound
용지 화인페이퍼 **인쇄** 삼조인쇄 **제본** 해피문화사

ⓒ 재능많은영어연구소·윤미영, 2024

ISBN 978-89-6591-590-4 64740
ISBN 978-89-6591-589-8 64740(세트)